Srećko Bradić

I0882786

Henschel Hs 126

A-0, A-1, B-1

Henschel Hs 126 was a two-seater all-metal hinged monoplane with fixed landing gear. The first prototype – Hs 126 V-1 (D-UBYN) – had its flight-test in August 1936. It was powered by 12-cylinder liquid-cooled JUMO 210 C engine. By the end of year 1937 ten preproduction Hs 126 A-0 were delivered. Aircrafts were produced at Henschel-Werke plant and also at AGO Flugzeugwerke.

Hs 126 had exceptional short landing performances, important for the close army cooperation. Armament consisted of two machine guns cal. 7.92 mm: pilot's fixed MG-17 in front (with 500 rounds) and defense MG-15 in the observer cockpit (with 975 rounds). For the optional close support missions it was capable to carry bombs on two side racks (2×10 kg or 2×50 kg). It also had radio equipment and after gaining combat experience, some machines were equipped with side armor plates of 8 mm steel.

The first combat employment of several Hs 126's took place in Spain, where they were used as tactical reconnaissance within Ausfklarungsgruppe 35, and where they received the code name "Super Pavo". Loses in Spanish civil war were minor. Some Henschels were also sold to Greece, Bulgaria and Estonia.

At the beginning of world war II (invasion on Poland) the Hs 126's were the backbone of reconnaissance units of the Luftwaffe. From 29 staffelns this machine was deployed in 23 of them (267 Hs 126's were in combat units, of which 234 were combat-ready). However, Polish campaign showed that Hs 126 is vulnerable airplane. German lost about 41 of them to a AA fire and Polish fighter actions, and another 40 were seriously damaged.

Hs 126 participated in missions over all WW2 fronts: from Africa, Soviet Union, West Europe to the Balkans. On the 1st of June 1941 Hs 126's were still used by operational combat units as well as flying schools. However, raising loses resulted in withdrawing the type from combat units, but it was still presented in big number. For example, in March 1942 from 35 Aufklärer Staffels on East Front 16 operated Hs 126's. Just in first day of Operation "Barbarosa" Germany lost 13 Hs 126's and by the December 1941 they lost even 381 of them. Germans tried to accompany Hs 126's with fighter escort during missions but this did not help much. For this reason from autumn 1941 the obsolete Henschels were replacing by more modern Fw 189.

It is worth noting that Hs 126 played their role on rescuing the Benito Mussolini on 12th of September 1943. It made a reconnaissance mission to spot landing positions for gliders.

By the March 1944 only 174 Hs 126's still remained in the Luftwaffe, some of which were in service with the following combat squadrons on the Eastern Front: 13./NSGr-11 with a base in Estonia, 2./NSGr-12 with a base in Estonia/Lithuania and 2./NSGr-7 with a base in the Balkans. At that time title aircraft were used as night light bombers. Behind the front line the Hs 126 were used as daytime light bombers and scouts to fight the partisans, as well as communication planes in which role they served until the end of the war.

Today not much parts of the Hs 126 is preserved and most of them was lost over Soviet Union.

Hs 126 był dwumiejscowym samolotem zwiadowczym o w pełni metalowej konstrukcji w układzie zastrzałowego górnopłata. Samolot posiadał stałe podwozie.

Pierwszy prototyp – Hs 126 V-1 (D-UBYN) – został oblatany w sierpniu 1936 roku. Był napędzany 12-cylindrowym chłodzonym cieczą silnikiem rzędowym JUMO 210 C. Pod koniec 1937 roku wyprodukowano 10 maszyn serii próbnej. Oznaczono je jako Hs 126 A-0. Produkcją samolotów zajęły się zakłady Henschel-Werke oraz AGO Flugzeugwerke.

Hs 126 miał niezwykle krótki start i lądowanie, co było bardzo istotne w przypadku samolotu rozpoznawczego i bliskiego wsparcia armii. Samolot był uzbrojony w dwa karabiny maszynowe kal. 7,92 mm: stały MG-17 pilota w przedniej części kadłuba (zapas amunicji wynosił 500 szt.) oraz obrotowy MG-15 zamontowany w kabinie obserwatora, służący do obrony przed wrogimi samolotami (zapas amunicji – 975 szt.). W przypadku misji bliskiego wsparcia Hs 126 mógł być uzbrojony w dwie bomby podwieszane na zewnętrznych zaczepach pod skrzydłami (ładunek mógł wynosić 2×10 kg lub 2×50 kg). Maszynę wyposażono również w radio, a po doświadczeniach zebranych w trakcie służby bojowej niektóre egzemplarze opancerzono płytami pancernymi o grubości 8 mm (boki kadłuba w rejonie kokpitu).

Hs 126 przeszedł swój chrzest bojowy podczas wojny domowej w Hiszpanii. Maszyny tego typu służyły w szeregach Ausfklarungsgruppe 35 i były wykorzystywane przede wszystkim do misji zwiadowczych. W trakcie służby w Hiszpanii przylgnął do nich przydomek „Super Pavo" (super [wielki] indyk). Henschle nie poniosły zbyt dużych strat podczas wspomnianej wojny. Pewną ilość Hs 126 sprzedano przed II wojną światową do Grecji, Bułgarii i Estonii.

Podczas kampanii w Polsce we wrześniu 1939 roku samoloty Hs 126 stanowiły trzon sił rozpoznawczych Luftwaffe. Spośród 29 eskadr zwiadowczych aż 23 były wyposażone w samoloty tego typu. W służbie było 297 maszyn, z czego 234 w gotowości bojowej. Wojna w Polsce pokazała jednak, że Henschel Hs 126 był wrażliwy na uszkodzenia. W wyniku ostrzału polskiej obrony plot. oraz akcji polskich myśliwców Niemcy utracili 41 Hs 126, a kolejne 40 odniosło poważne uszkodzenia.

Hs 126 służył na wszystkich frontach drugiej wojny światowej – od Afryki i Związku Sowieckiego przez zachodnią Europę po Bałkany. 1 czerwca 1941 roku maszyny tego typu wciąż znajdowały się zarówno w jednostkach bojowych, jak i szkolnych. Rosnące straty wpłynęły jednak na decyzję o stopniowym wycofywaniu ich ze służby. Mimo to Henschle wciąż w dużej liczbie znajdowały się na froncie. Na przykład spośród 35 eskadr zwiadowczych Luftwaffe na froncie wschodnim aż 16 latało na Hs 126. Do grudnia 1941 roku Niemcy utracili 381 egzemplarzy. Próby eskortowania Henschli przez myśliwce podczas misji zwiadowczych niewiele pomogły, dlatego od jesieni 1941 roku zaczęto zastępować przestarzałe Hs 126 nowocześniejszymi maszynami Fw 189.

Warto odnotować, że Hs 126 odegrał pewną rolę podczas misji odbicia Benito Mussoliniego 12 września 1943 roku. Maszyna tego typu wykonała lot zwiadowczy, który pozwolił wyznaczyć teren lądowania dla szybowców desantowych.

W marcu 1944 roku jedynie 174 Henschle Hs 126 pozostawały w służbie Luftwaffe. Część z nich na pewno znajdowała się w składzie następujących jednostek: 13./NSGr-11 z bazą w Estonii, 2./NSGr-12 z bazą w Estonii/Łotwie oraz 2./NSGr-7 bazującej na Bałkanach. W tym okresie samoloty tego typu były wykorzystywane jako lekkie bombowce nocne. Poza linią frontu Hs 126 służyły w charakterze lekkich bombowców dziennych i samolotów zwiadowczych, a ich głównym polem działania była walka z partyzantami. Wykorzystywano je także jako samoloty łącznikowe i w takiej roli doczekały do końca wojny.

Do dziś nie zachowało się zbyt wiele elementów Hs 126. Większość z nich została utracona na terenie Związku Sowieckiego.

Henschel Hs 126. A-0, A-1, B-1 • Srećko Bradić
First edition / Wydanie pierwsze • LUBLIN 2017 • ISBN 978-83-65437-60-0

Text / Tekst: **Srećko Bradić** • Translation / Tłumaczenie: **Stanisław Powała-Niedźwiecki**
• Color profiles / Plansze barwne: **Srećko Bradić** • Scale drawings / Rysunki techniczne: **Srećko Bradić** • Design: **KAGERO STUDIO**

Distribution / Dystrybucja: Kagero Publishing • www.kagero.pl • e-mail: kagero@kagero.pl, marketing@kagero.pl
Editorial Office, Marketing / Redakcja, Marketing: Kagero Publishing, ul. Akacjowa 100, os. Borek, Turka, 20-258 Lublin 62, Poland, phone/fax +48 81 501 21 05

TOPDRAWINGS
Drawings / rysował © Srećko Bradić

Henschel Hs 126

Sheet/Arkusz 01

Hs 126 A-0
left side view/ widok z lewej

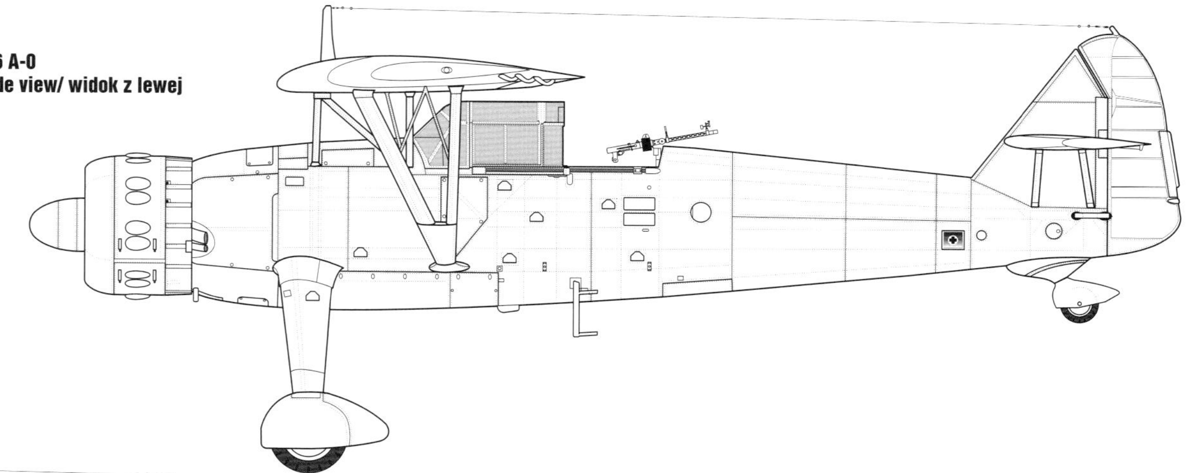

Hs 126 A-1
left side view/ widok z lewej

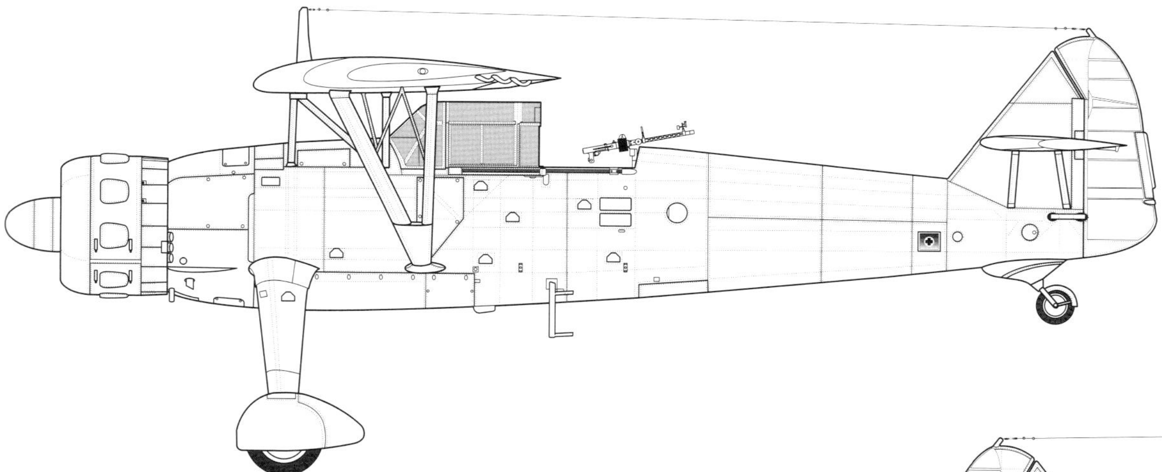

Hs 126 A-1
right side view/ widok z prawej

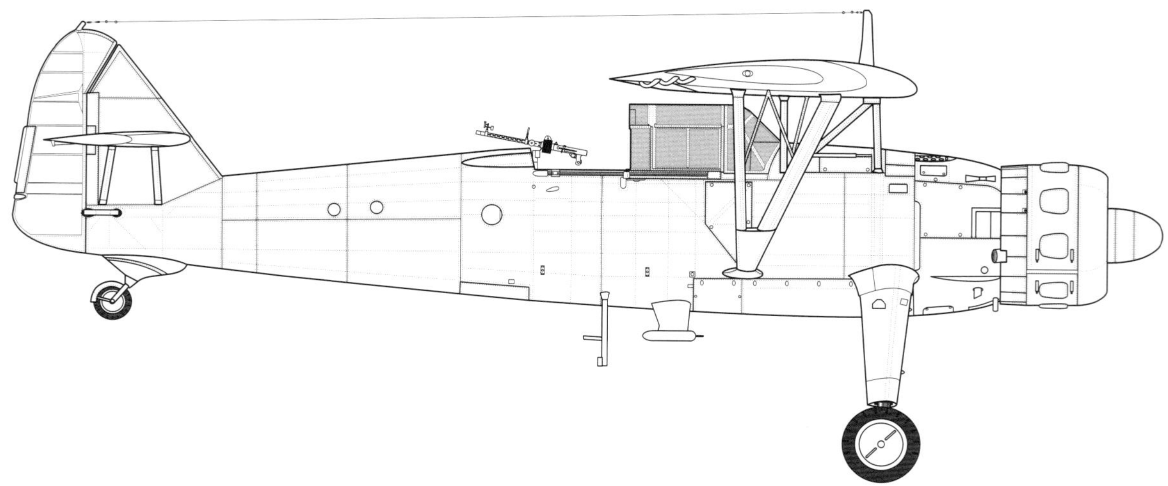

KAGERO
1:72 Scale

TOPDRAWINGS

Drawings / rysował © Srećko Bradić

Henschel Hs 126

Sheet/Arkusz 02

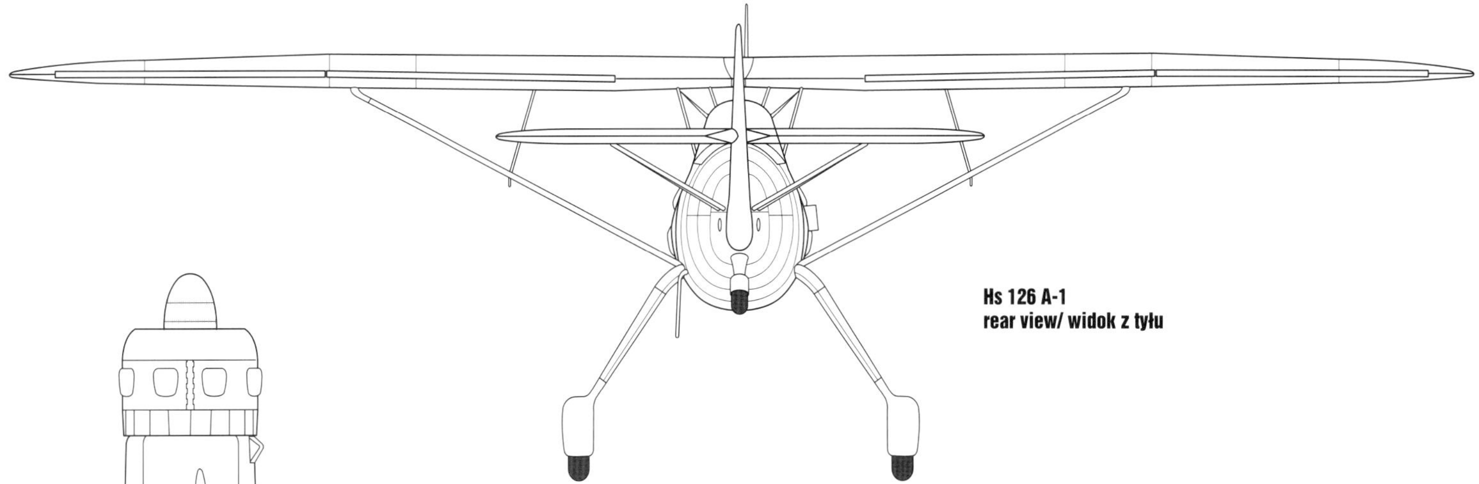

Hs 126 A-1
rear view/ widok z tyłu

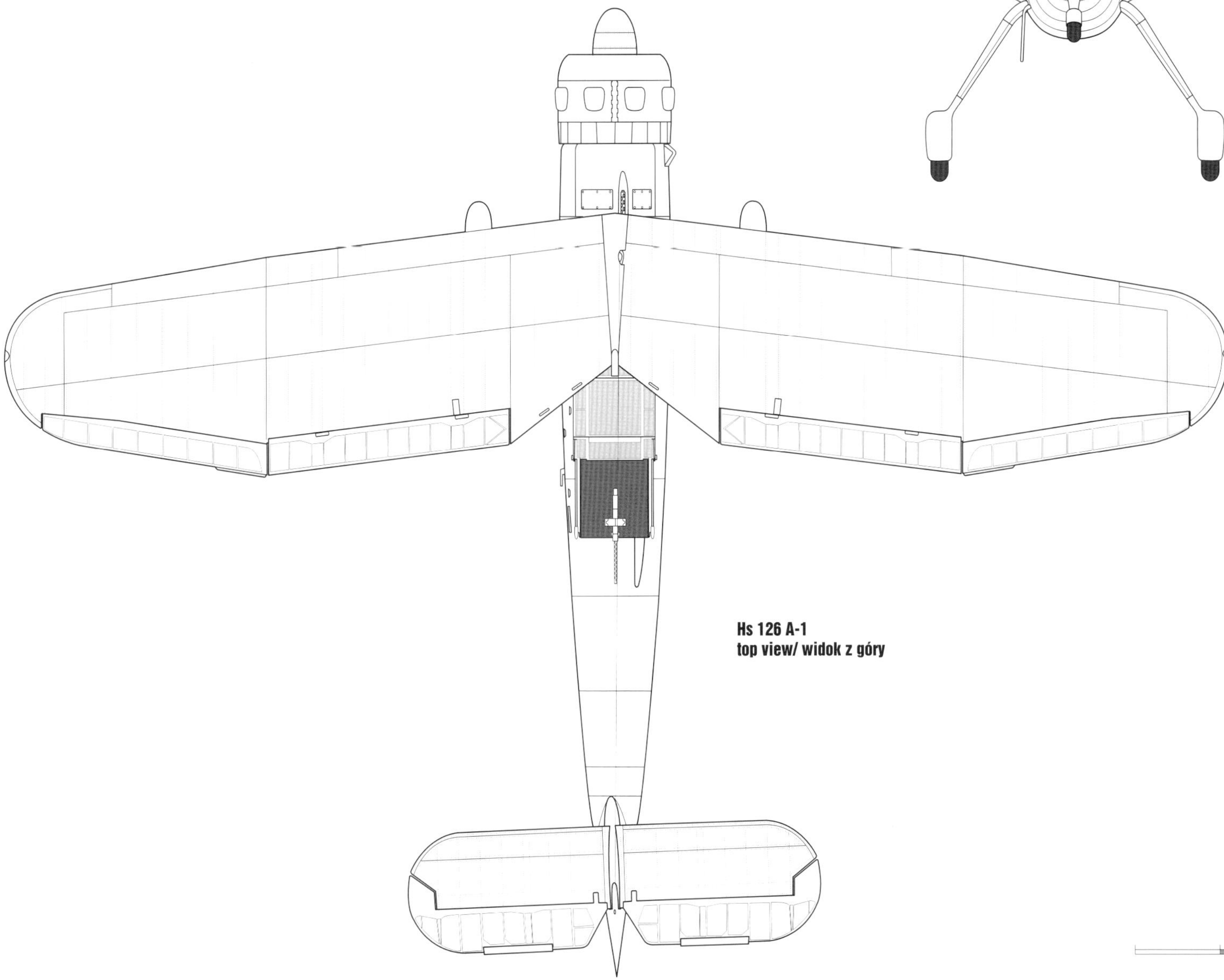

Hs 126 A-1
top view/ widok z góry

KAGERO

1:72 Scale

TOPDRAWINGS

Drawings / rysował © Srećko Bradić

Henschel Hs 126

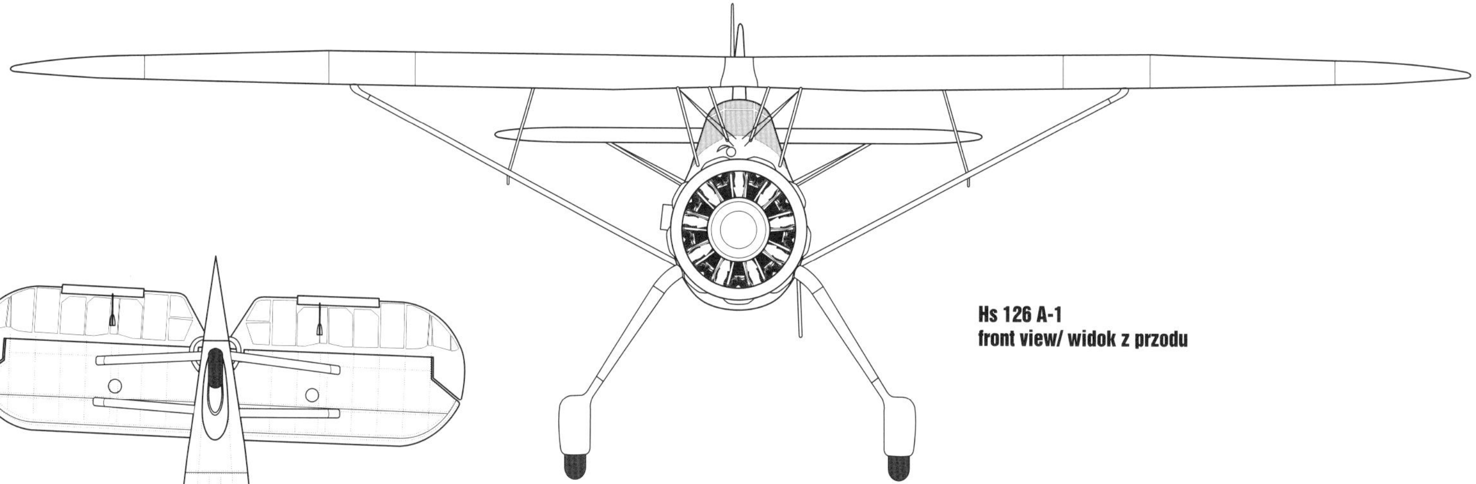

Hs 126 A-1
front view/ widok z przodu

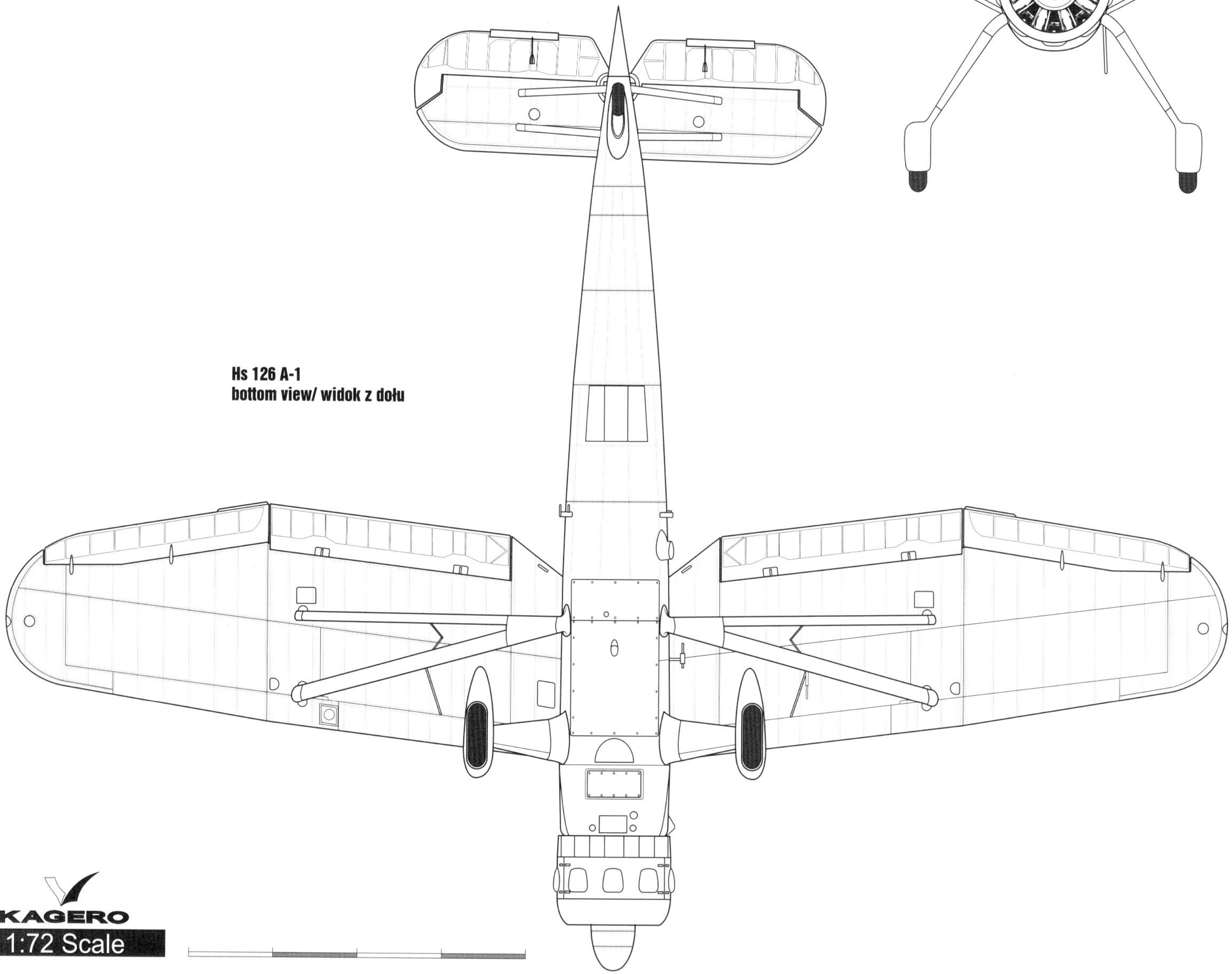

Hs 126 A-1
bottom view/ widok z dołu

KAGERO

1:72 Scale

TOPDRAWINGS

Drawings / rysował © Srećko Bradić

Henschel Hs 126

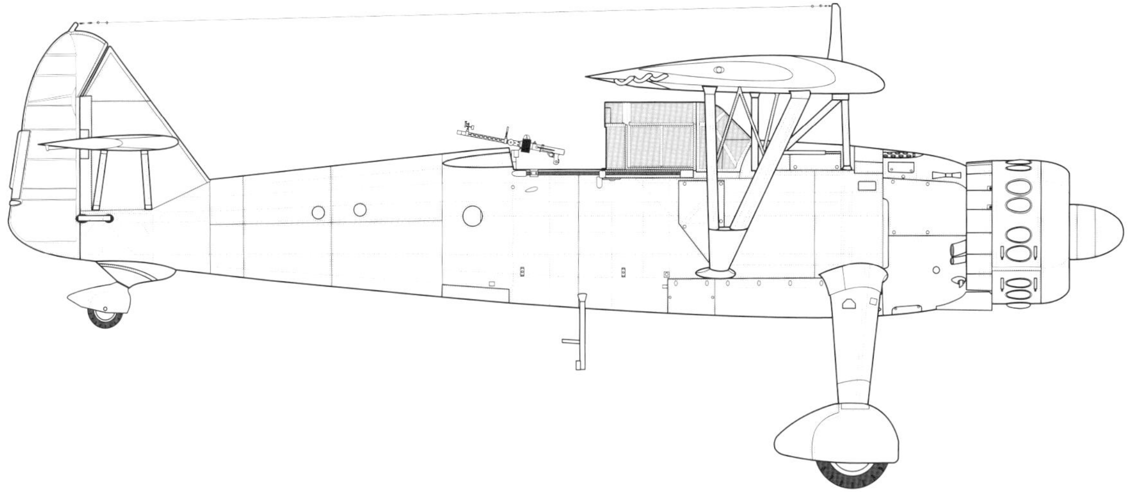

Hs 126 A-0
right side view/ widok z prawej

Hs 126 B-1
left side view/ widok z lewej

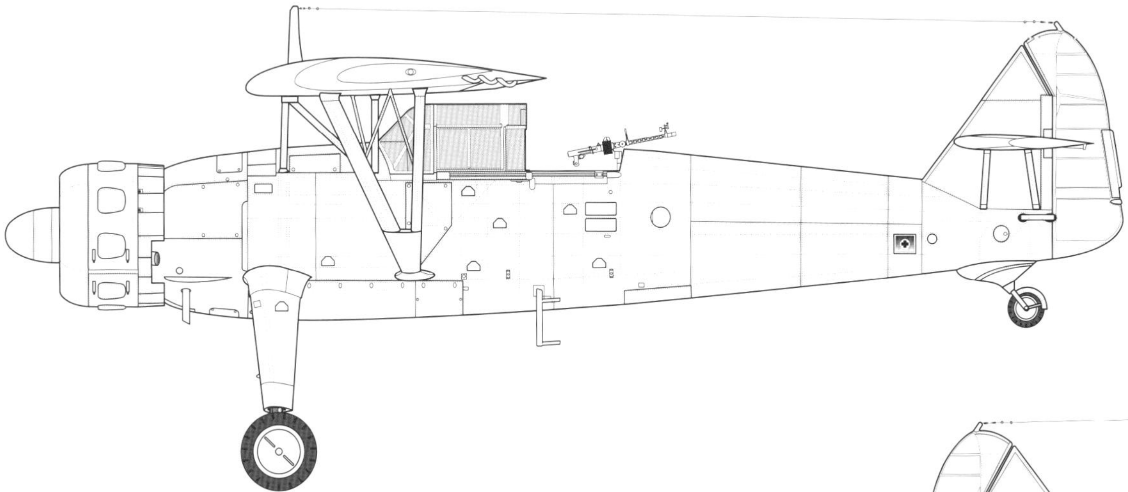

Hs 126 B-1
right side view/ widok z prawej

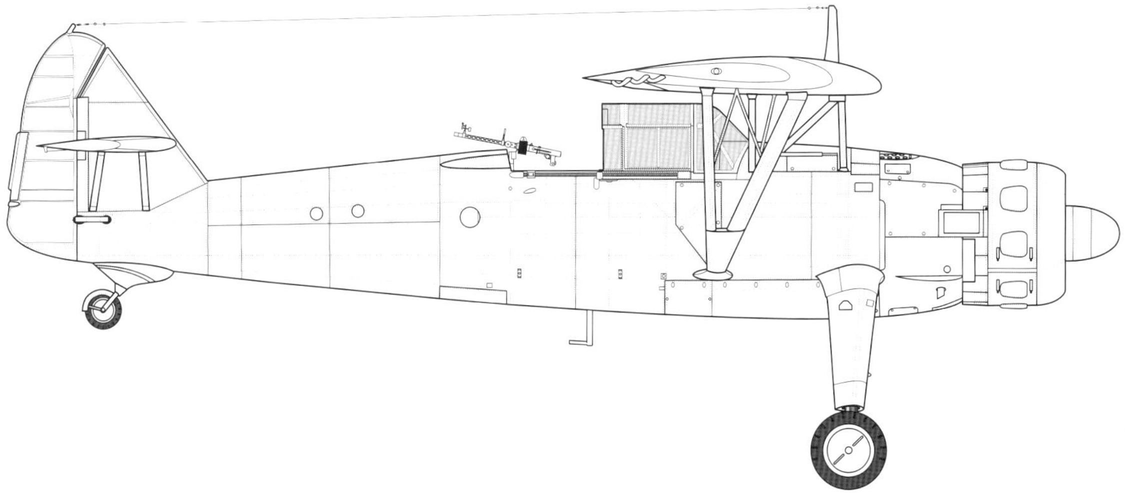

KAGERO

1:72 Scale

TOPDRAWINGS

Drawings / rysował © Srećko Bradić

Henschel Hs 126

Sheet/Arkusz 05

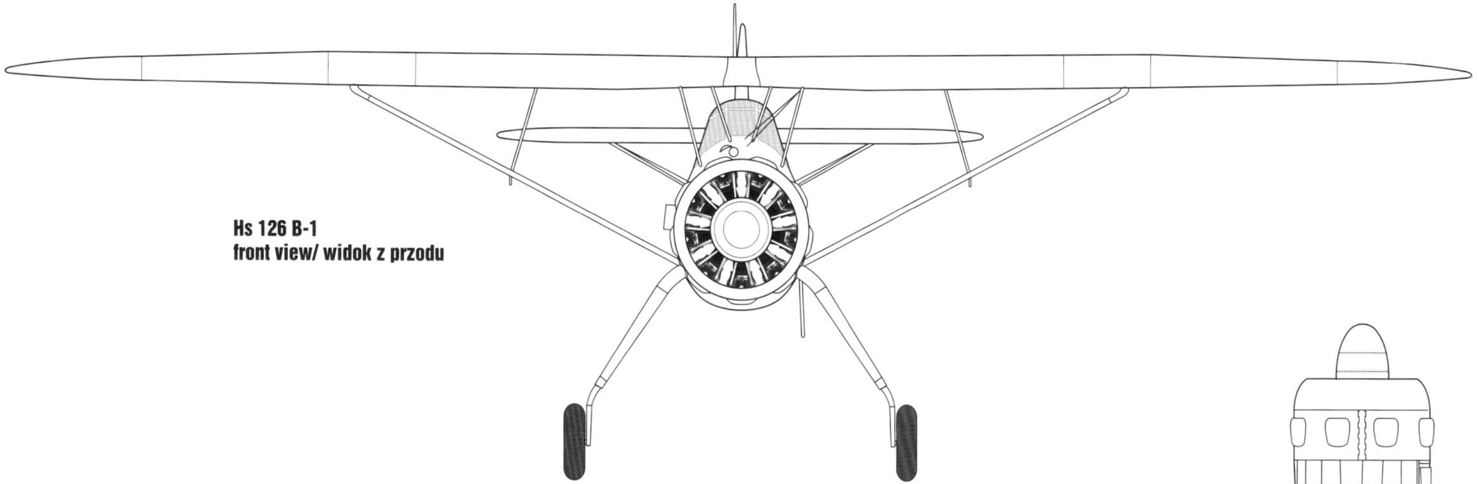

Hs 126 B-1
front view/ widok z przodu

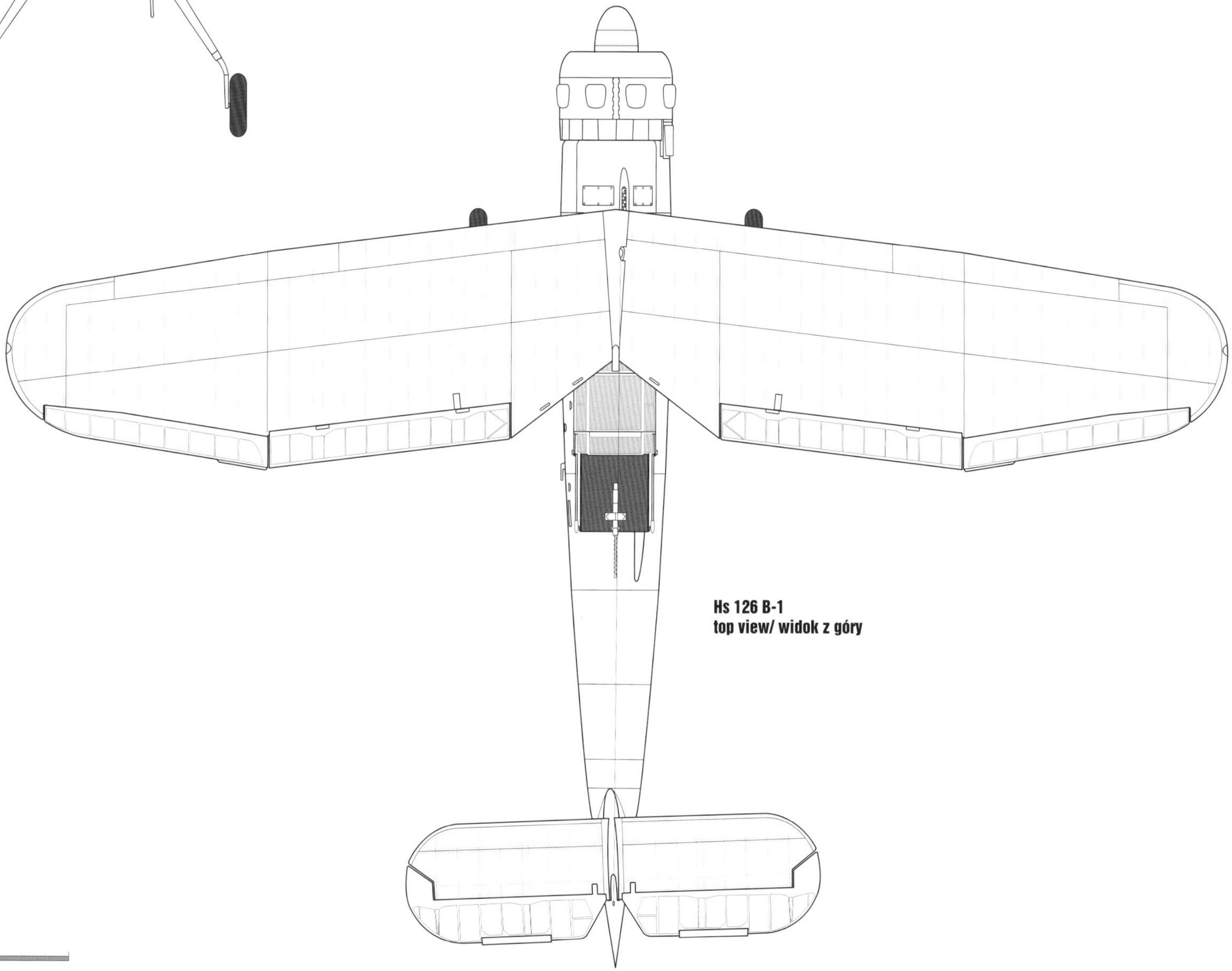

Hs 126 B-1
top view/ widok z góry

KAGERO

1:72 Scale

Henschel Hs 126

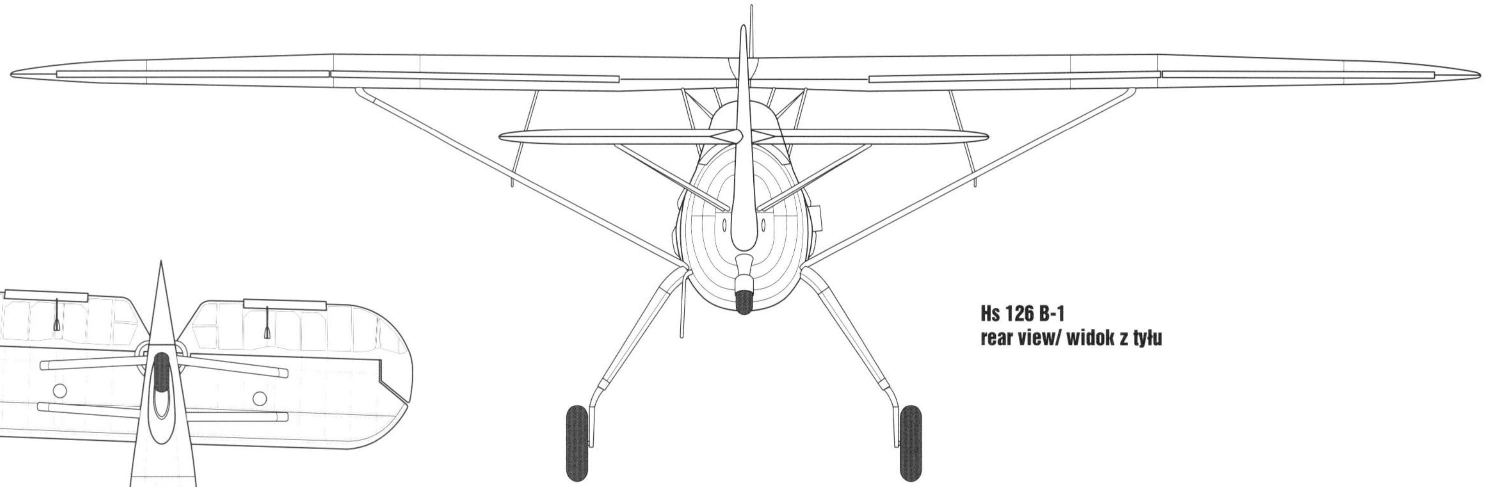

Hs 126 B-1
rear view/ widok z tyłu

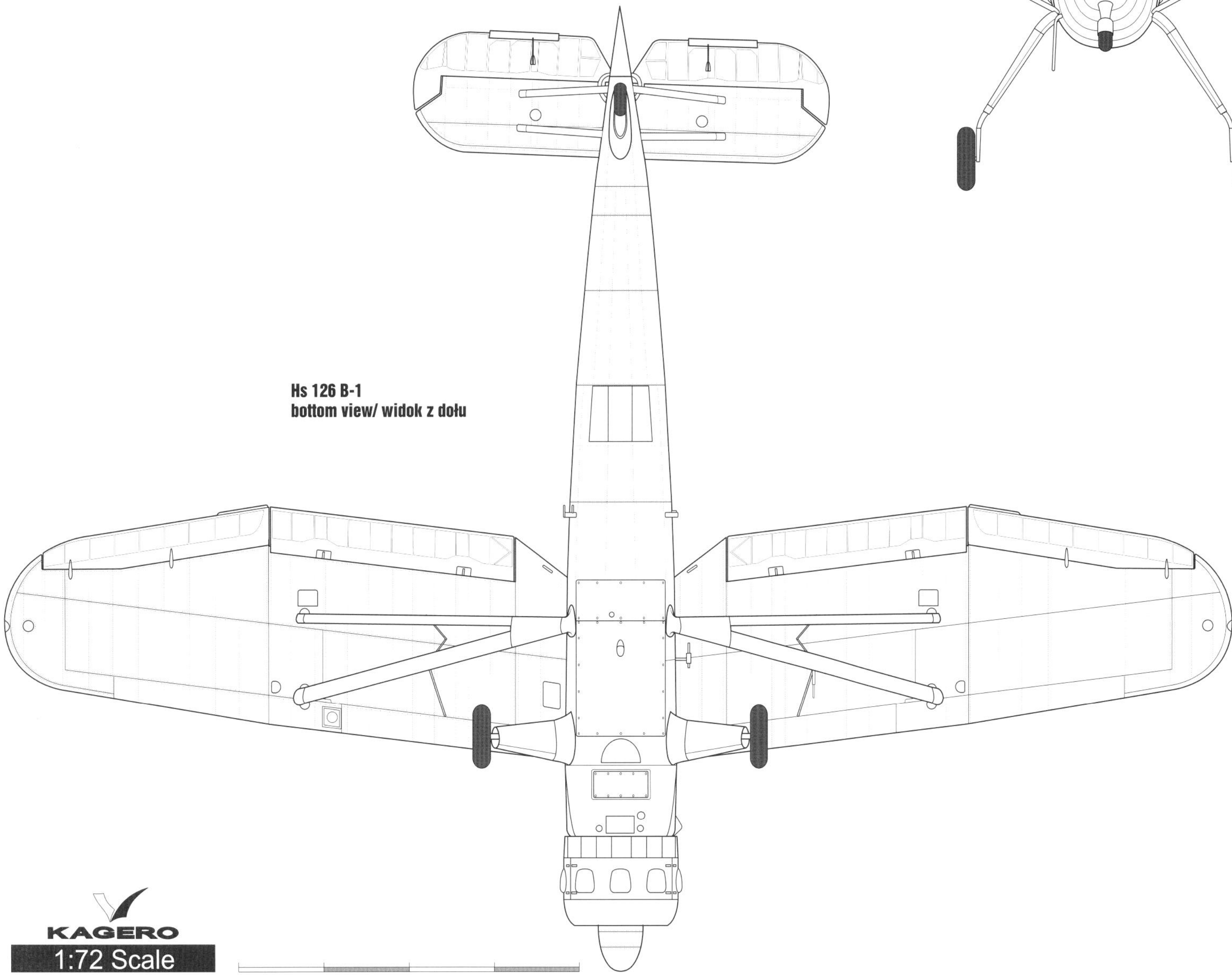

Hs 126 B-1
bottom view/ widok z dołu

KAGERO

1:72 Scale

TOPDRAWINGS
Drawings / rysował © Srećko Bradić

Henschel Hs 126

Sheet/Arkusz 07

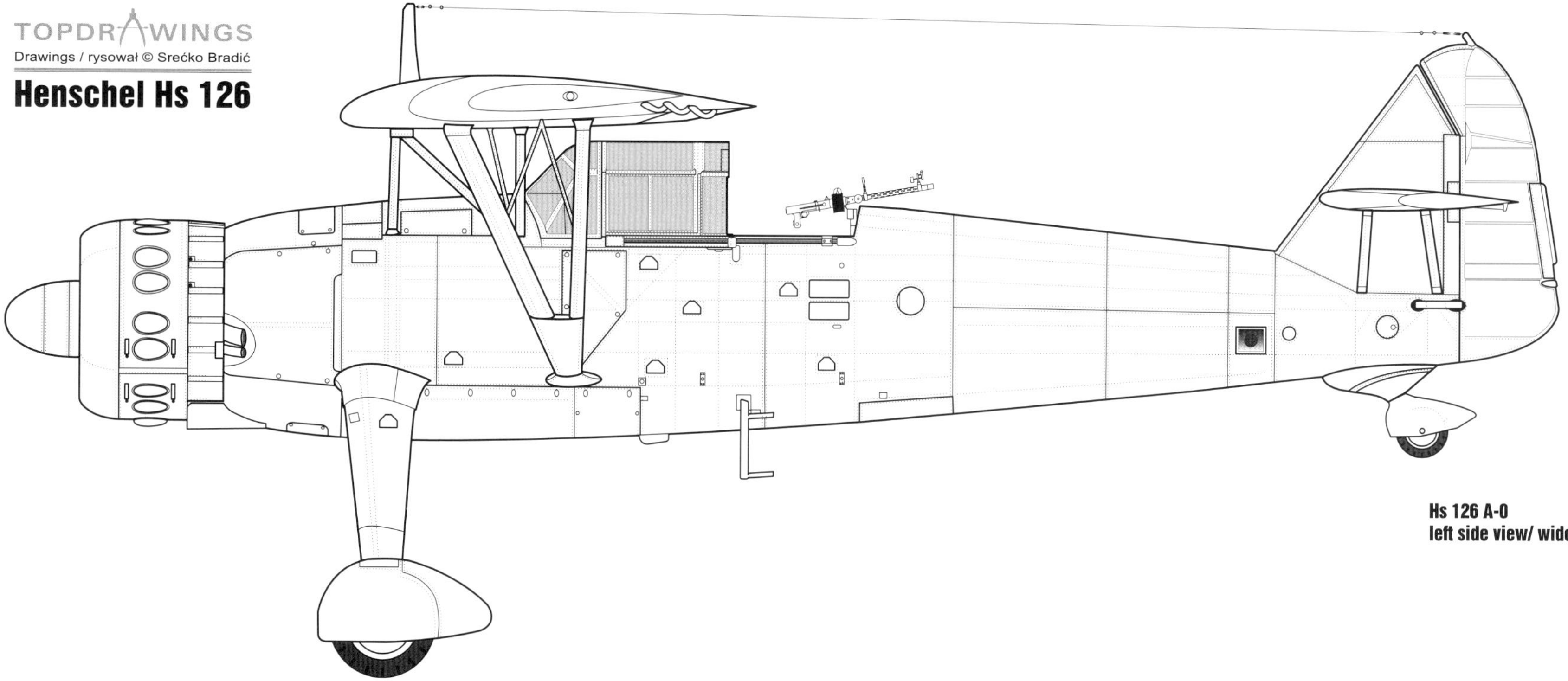

Hs 126 A-0
left side view/ widok z lewej

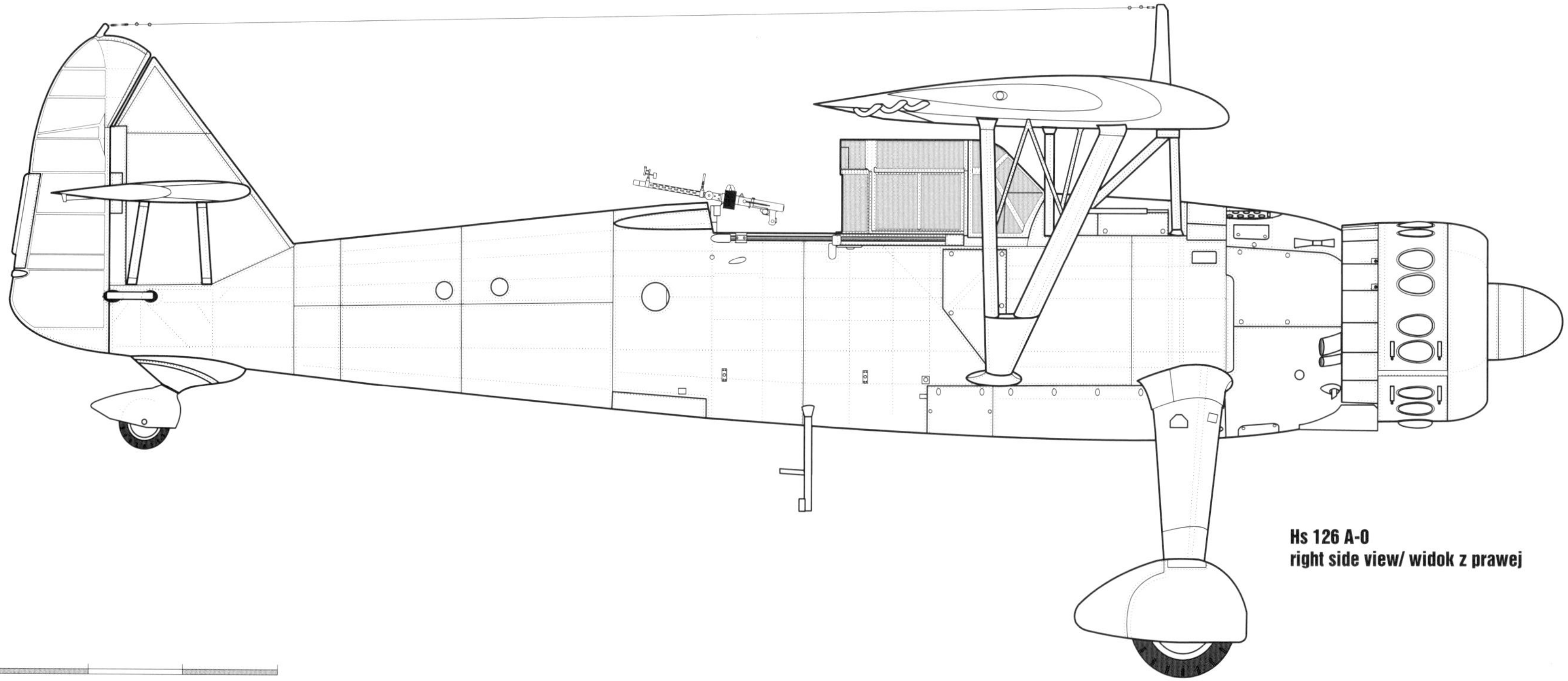

Hs 126 A-0
right side view/ widok z prawej

KAGERO
1:48 Scale

★ – Free masks

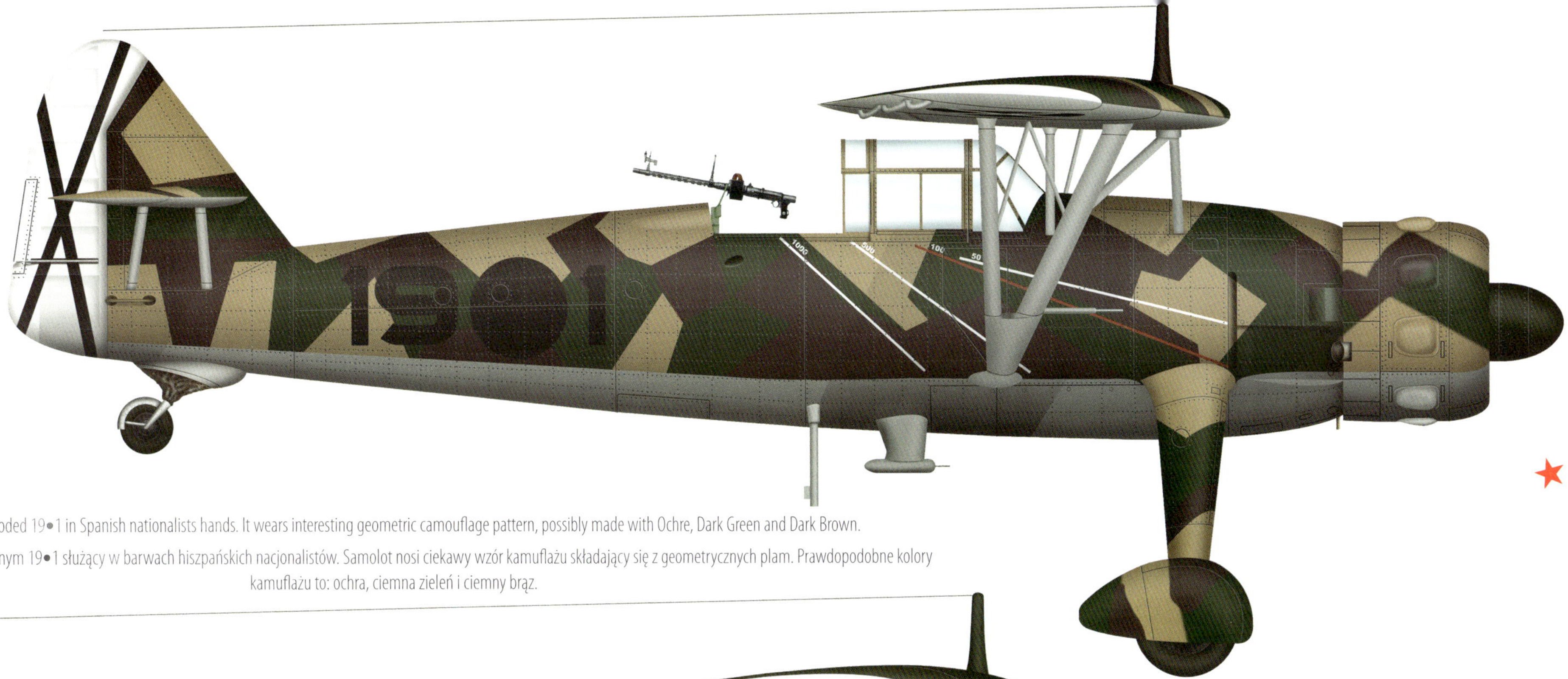

Hs 126 A-1 coded 19•1 in Spanish nationalists hands. It wears interesting geometric camouflage pattern, possibly made with Ochre, Dark Green and Dark Brown.

Hs 126 A-1 o kodzie bocznym 19•1 służący w barwach hiszpańskich nacjonalistów. Samolot nosi ciekawy wzór kamuflażu składający się z geometrycznych plam. Prawdopodobne kolory kamuflażu to: ochra, ciemna zieleń i ciemny brąz.

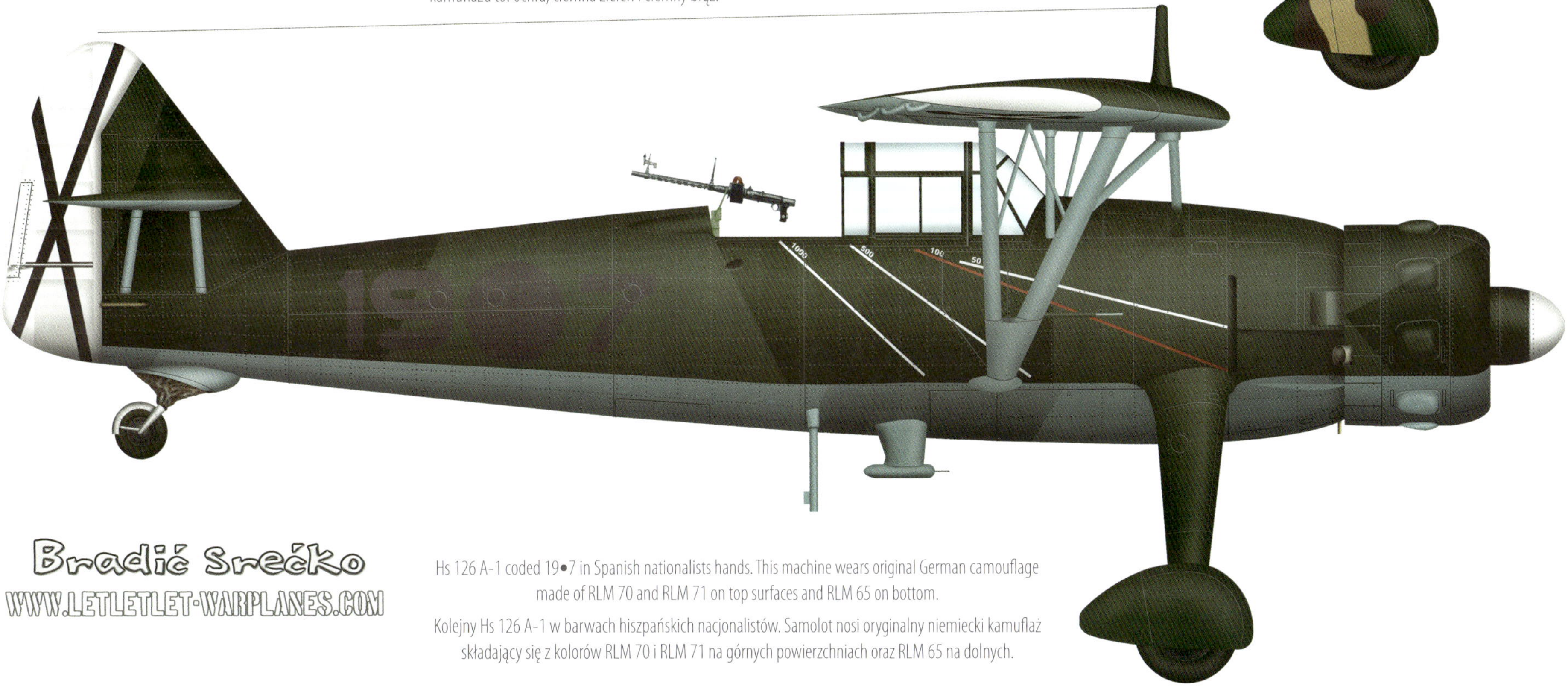

Bradić Srećko
WWW.LETLETLET-WARPLANES.COM

Hs 126 A-1 coded 19•7 in Spanish nationalists hands. This machine wears original German camouflage made of RLM 70 and RLM 71 on top surfaces and RLM 65 on bottom.

Kolejny Hs 126 A-1 w barwach hiszpańskich nacjonalistów. Samolot nosi oryginalny niemiecki kamuflaż składający się z kolorów RLM 70 i RLM 71 na górnych powierzchniach oraz RLM 65 na dolnych.

Painted by / Malował: Srećko Bradić

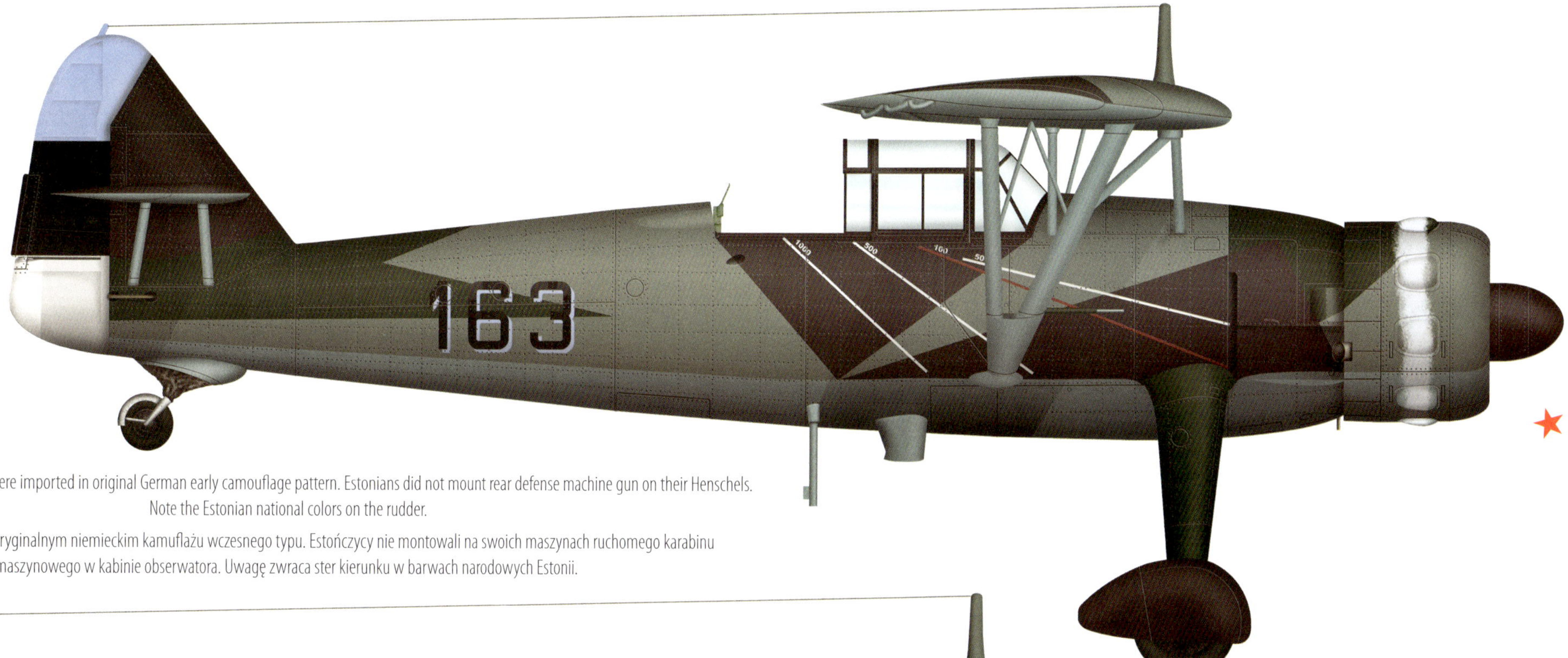

Estonian Hs 126 A-1. Planes were imported in original German early camouflage pattern. Estonians did not mount rear defense machine gun on their Henschels. Note the Estonian national colors on the rudder.

Estoński Hs 126 A-1 w oryginalnym niemieckim kamuflażu wczesnego typu. Estończycy nie montowali na swoich maszynach ruchomego karabinu maszynowego w kabinie obserwatora. Uwagę zwraca ster kierunku w barwach narodowych Estonii.

Captured Hs 126 A-1 in Soviet hands. The machine was originally Estonian. Same airplane was later damaged and recaptured by Germans.

Zdobyty przez Sowietów Hs 126 A-1, który oryginalnie należał do Sił Powietrznych Estonii. Samolot został później uszkodzony i przejęty przez Niemców.

Bradić Srećko

WWW.LETLETLET-WARPLANES.COM

Painted by / Malował: Srećko Bradić

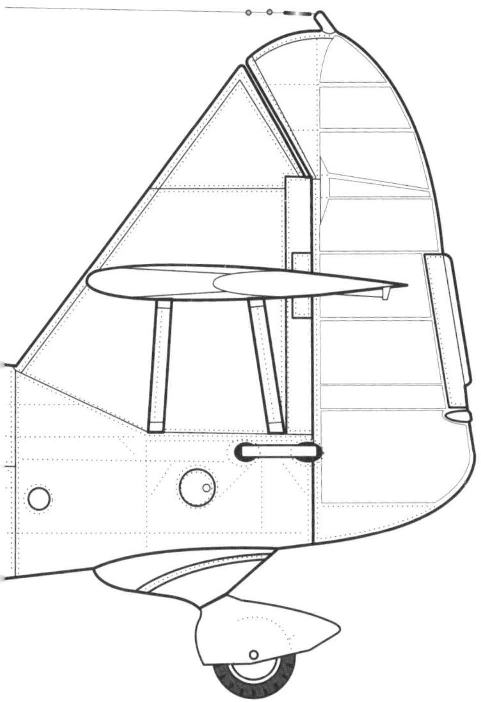

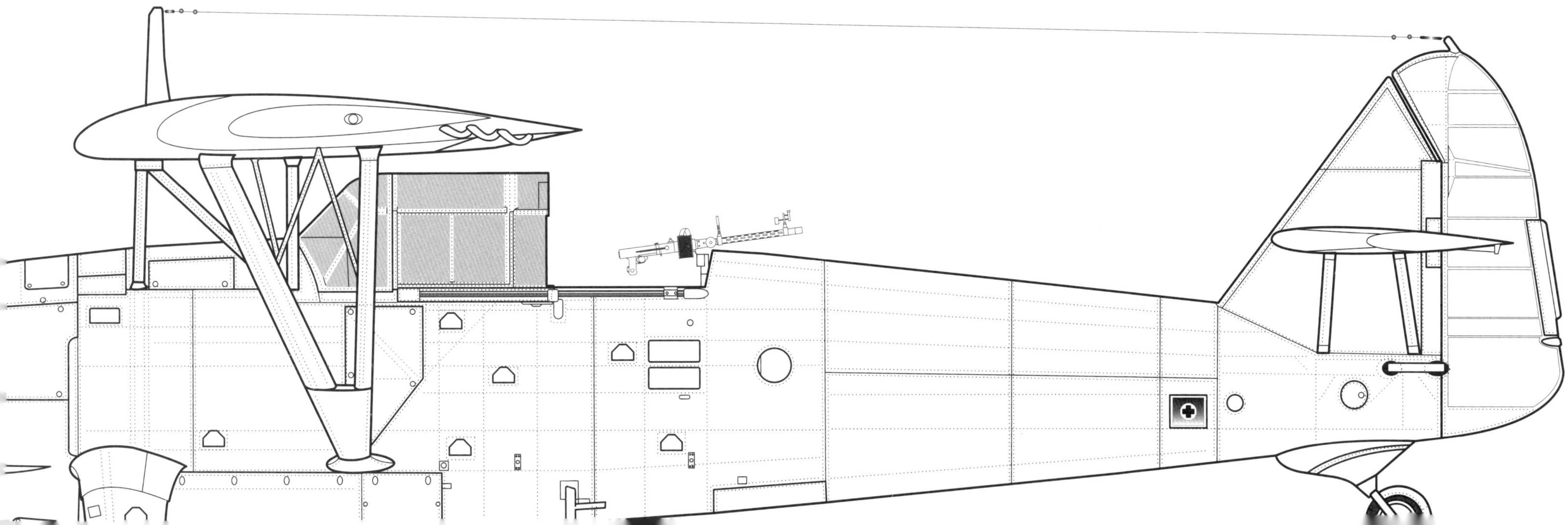

TOPDRAWINGS

Henschel Hs 126

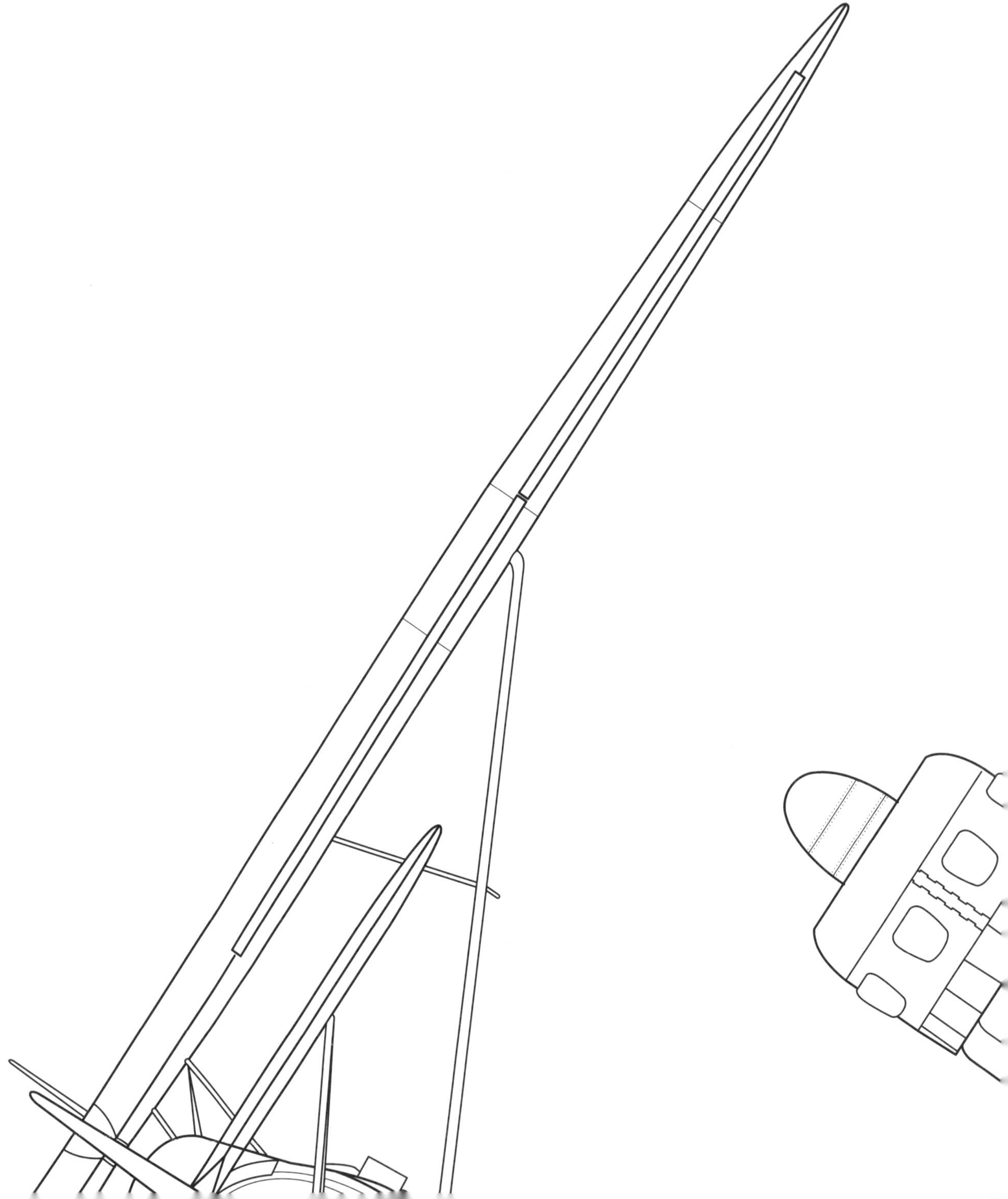

Sheet/Arkusz B

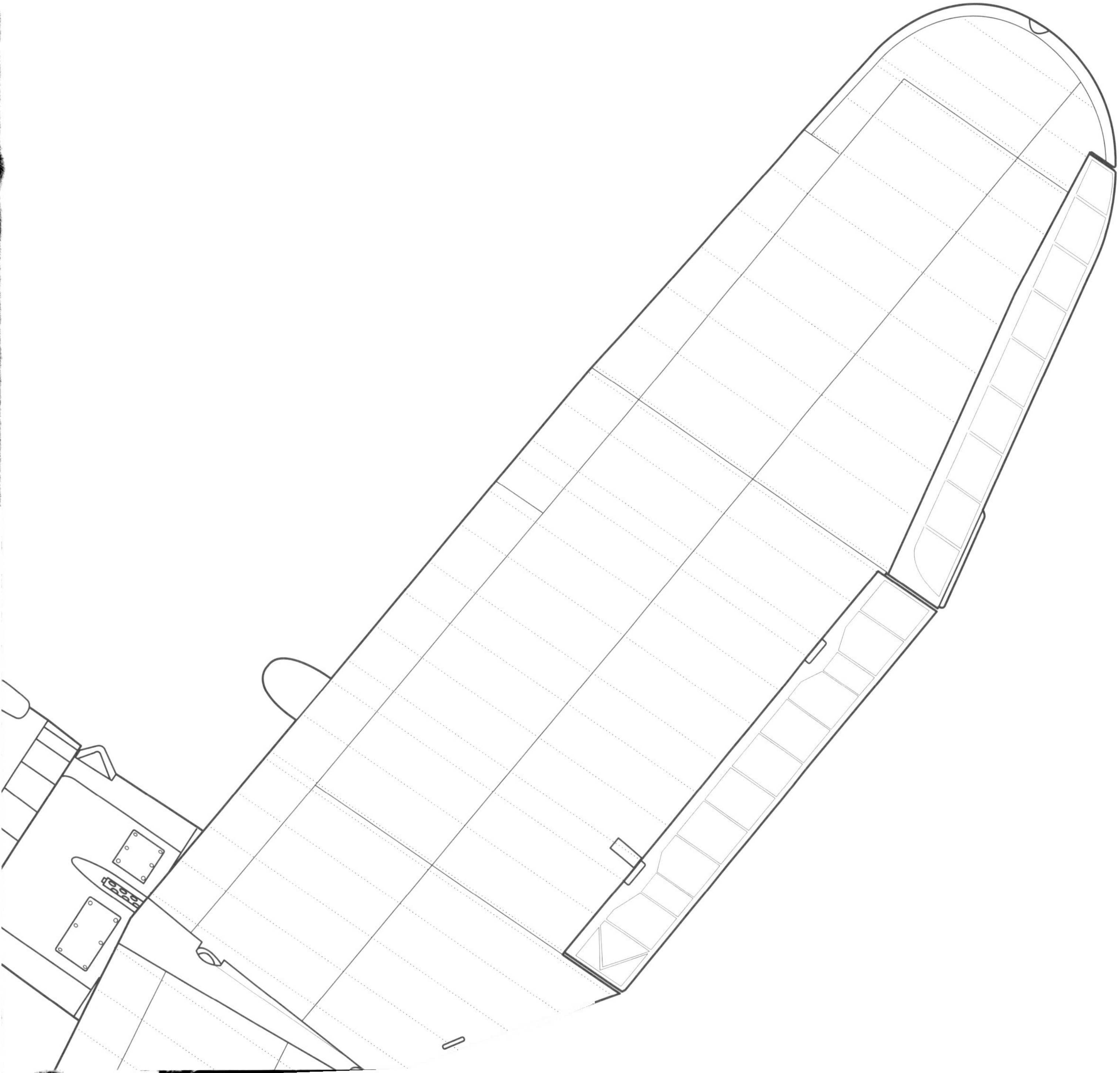

TOPDRAWINGS

Drawings / rysował © Srećko Bradić

Henschel Hs 126

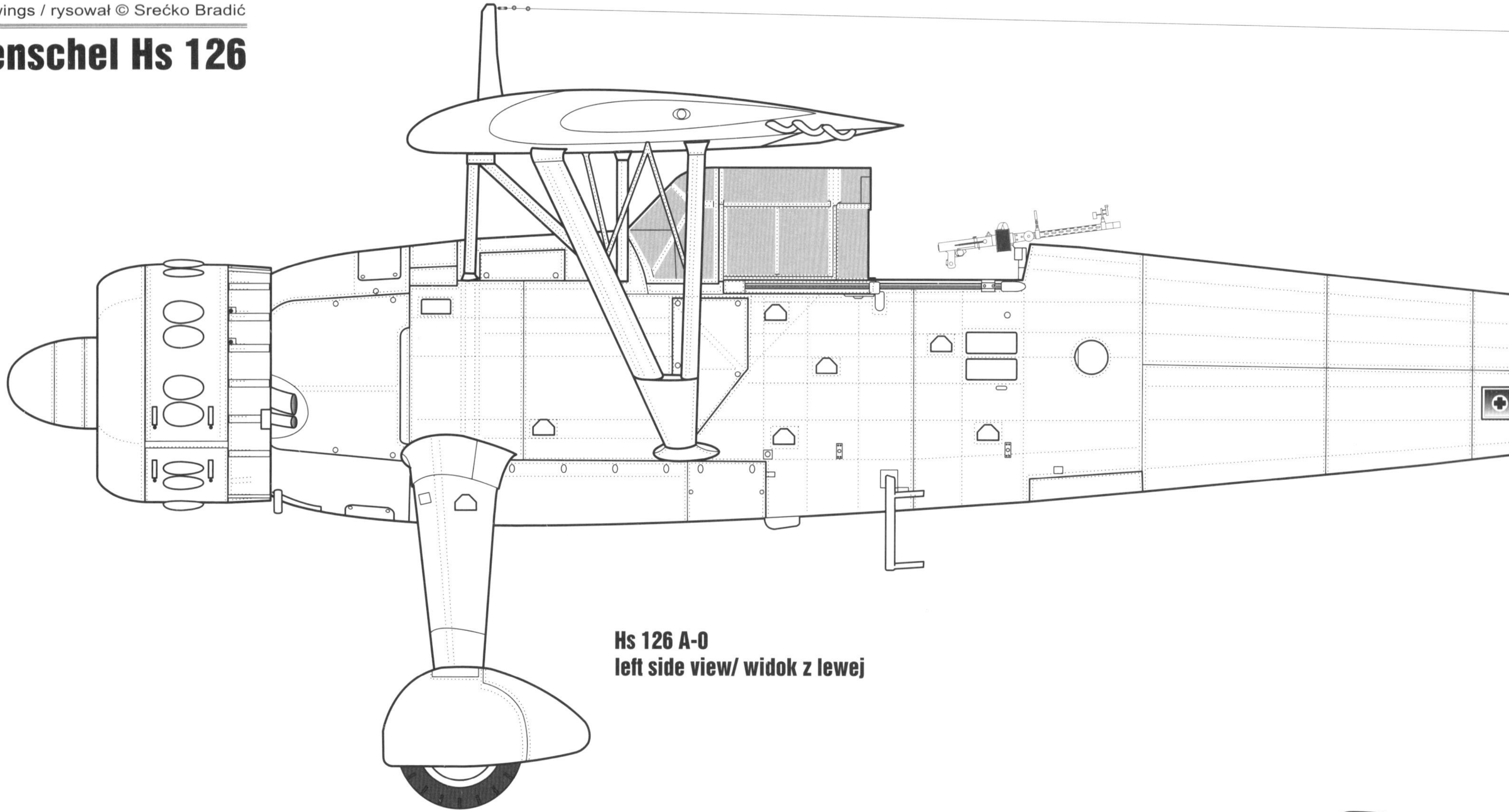

Hs 126 A-0
left side view/ widok z lewej

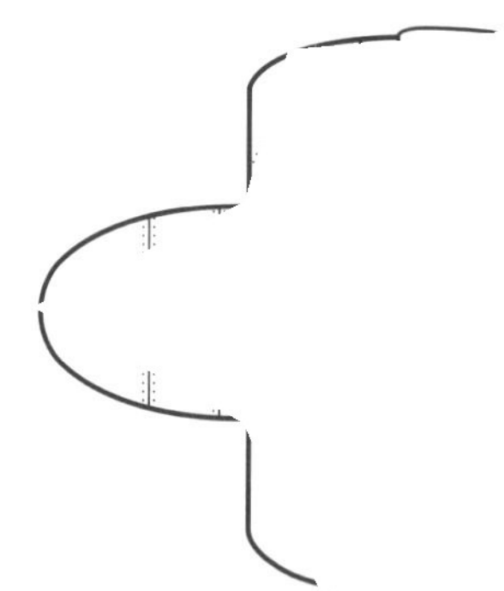

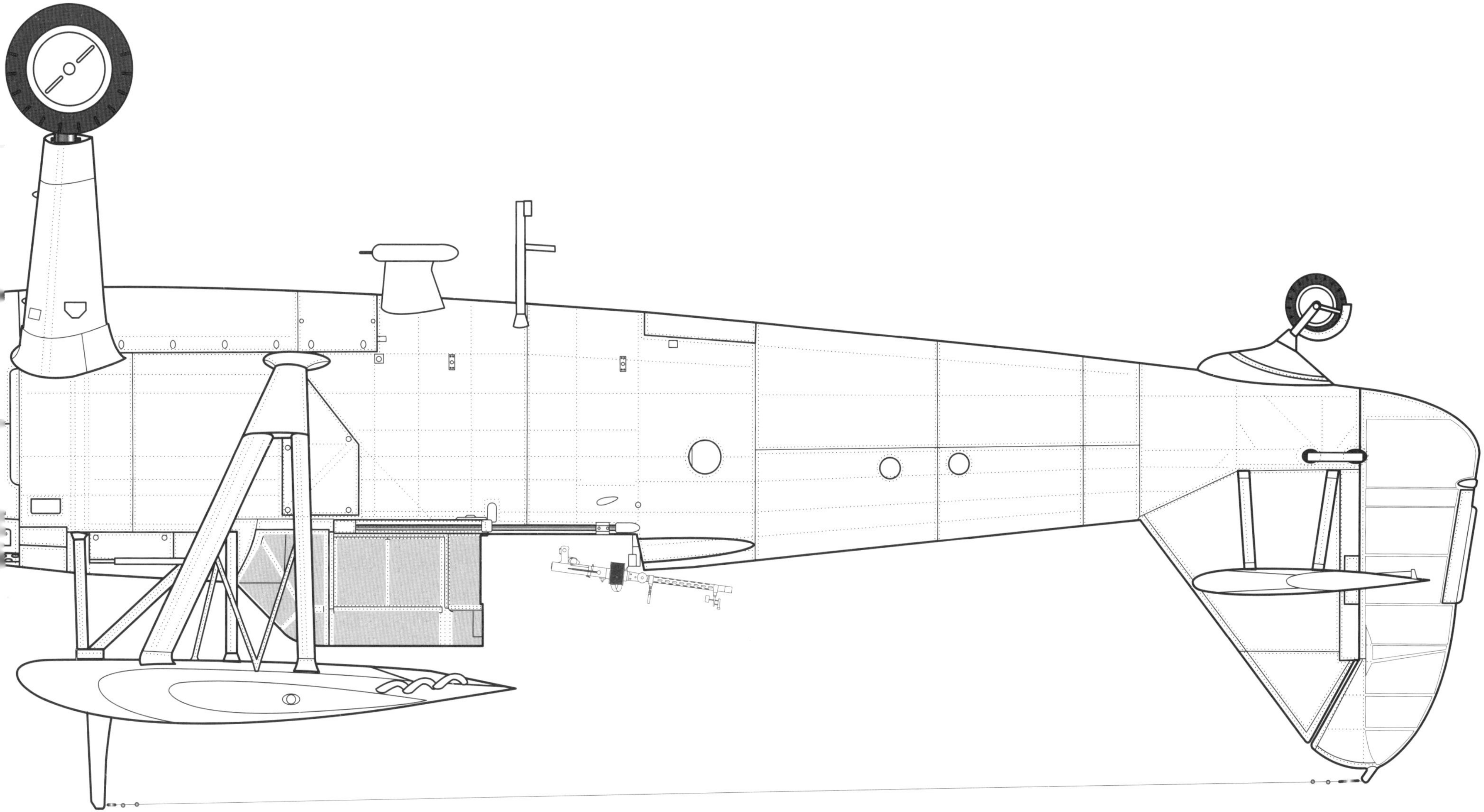

Hs 126 A-1
top view/ widok z góry

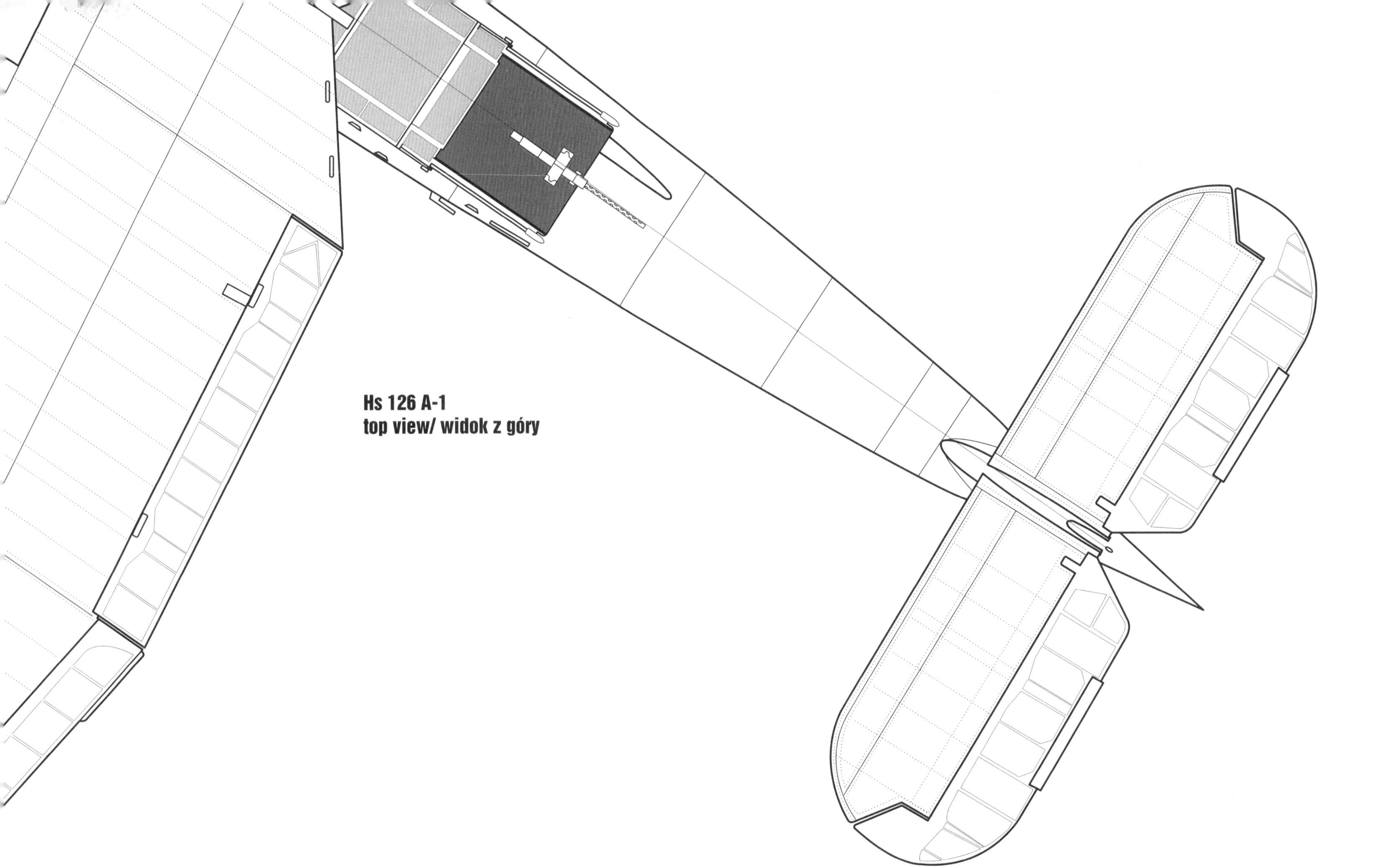

KAGERO

1:32 Scale

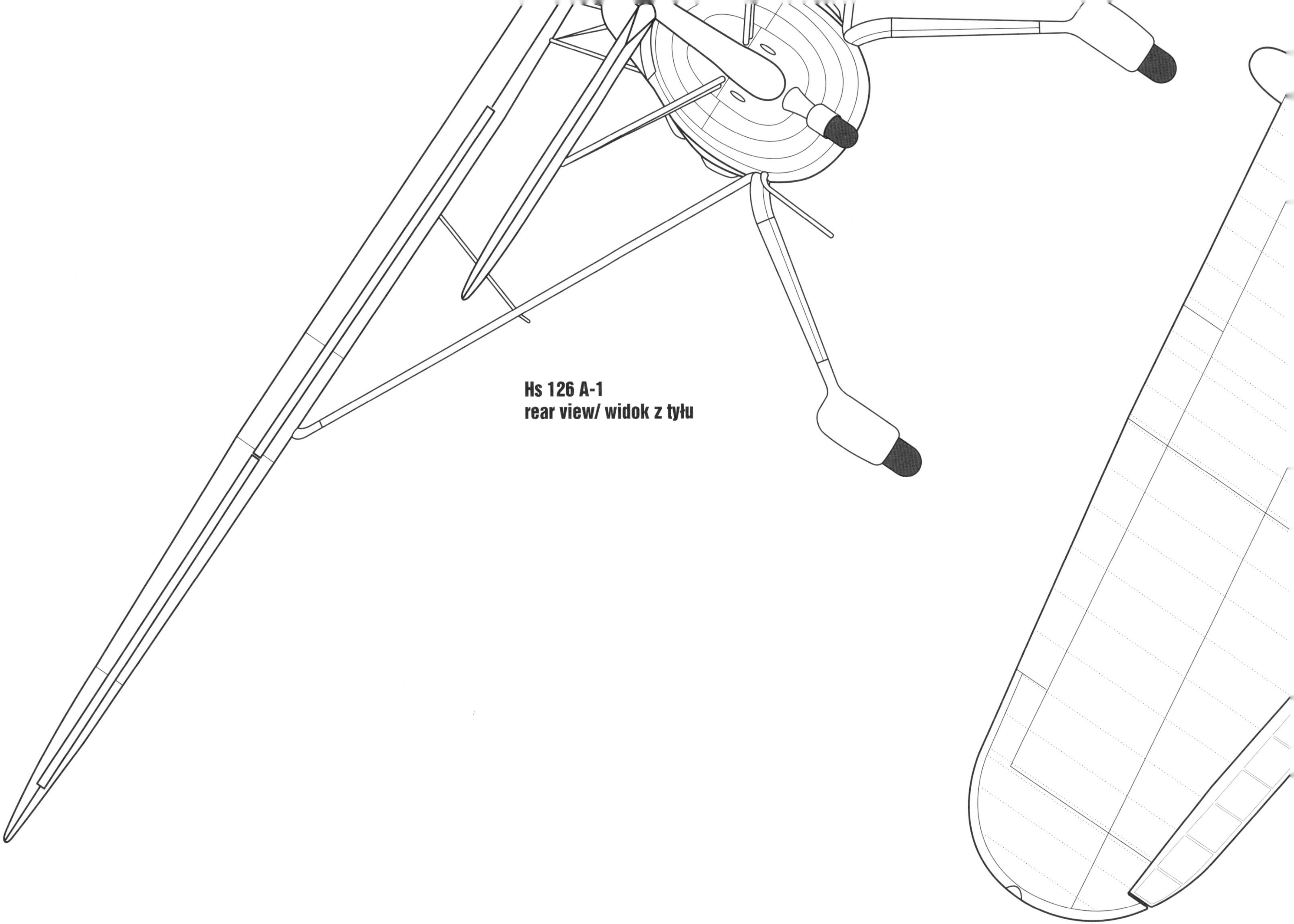

Hs 126 A-1
rear view/ widok z tyłu

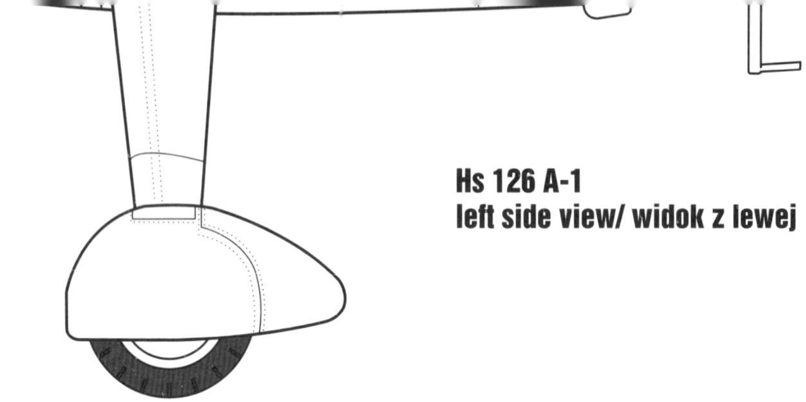

Hs 126 A-1
left side view/ widok z lewej

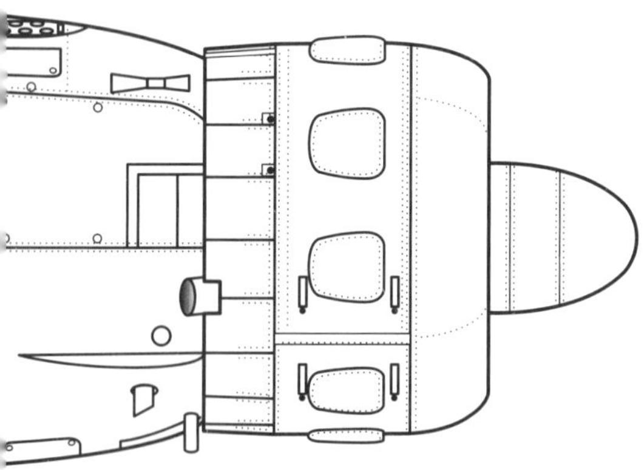

Hs 126 A-1
right side view/ widok z prawej

KAGERO

1:32 Scale

Sheet/Arkusz C

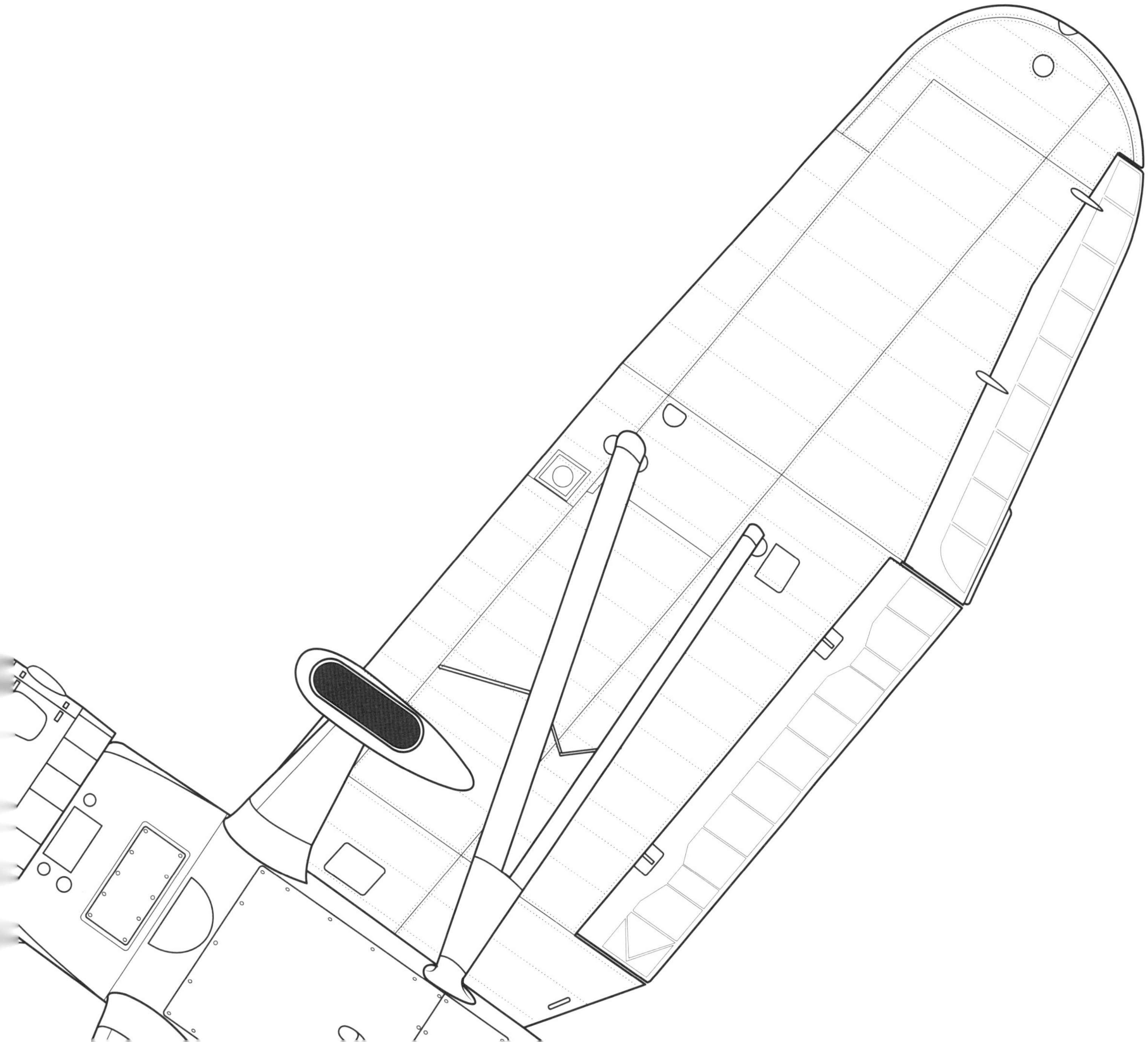

TOPDRAWINGS

Drawings / rysował © Srećko Bradić

Henschel Hs 126

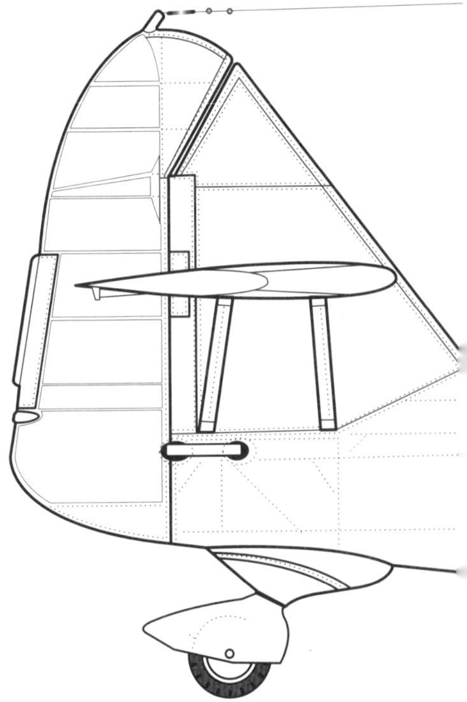

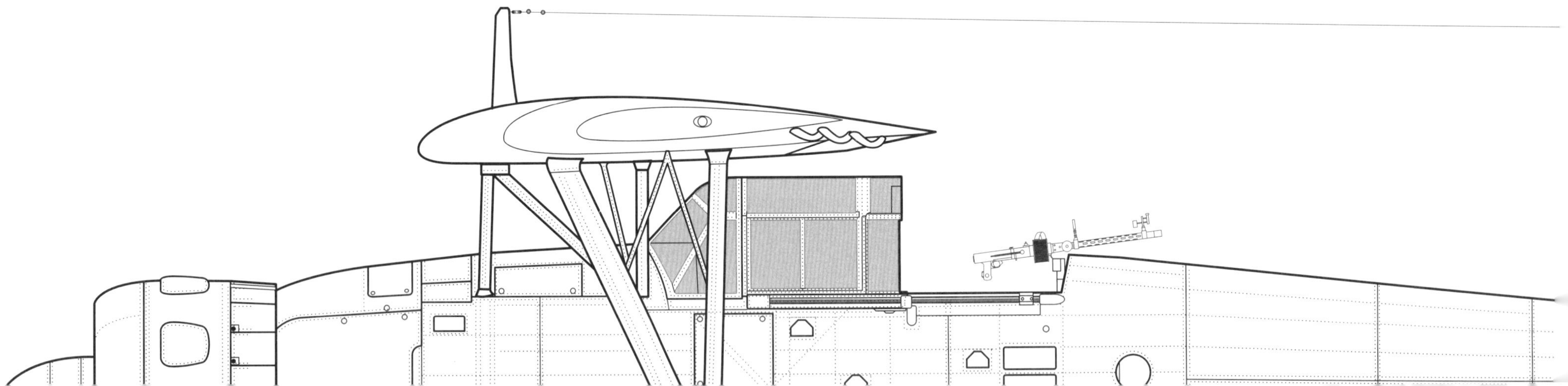

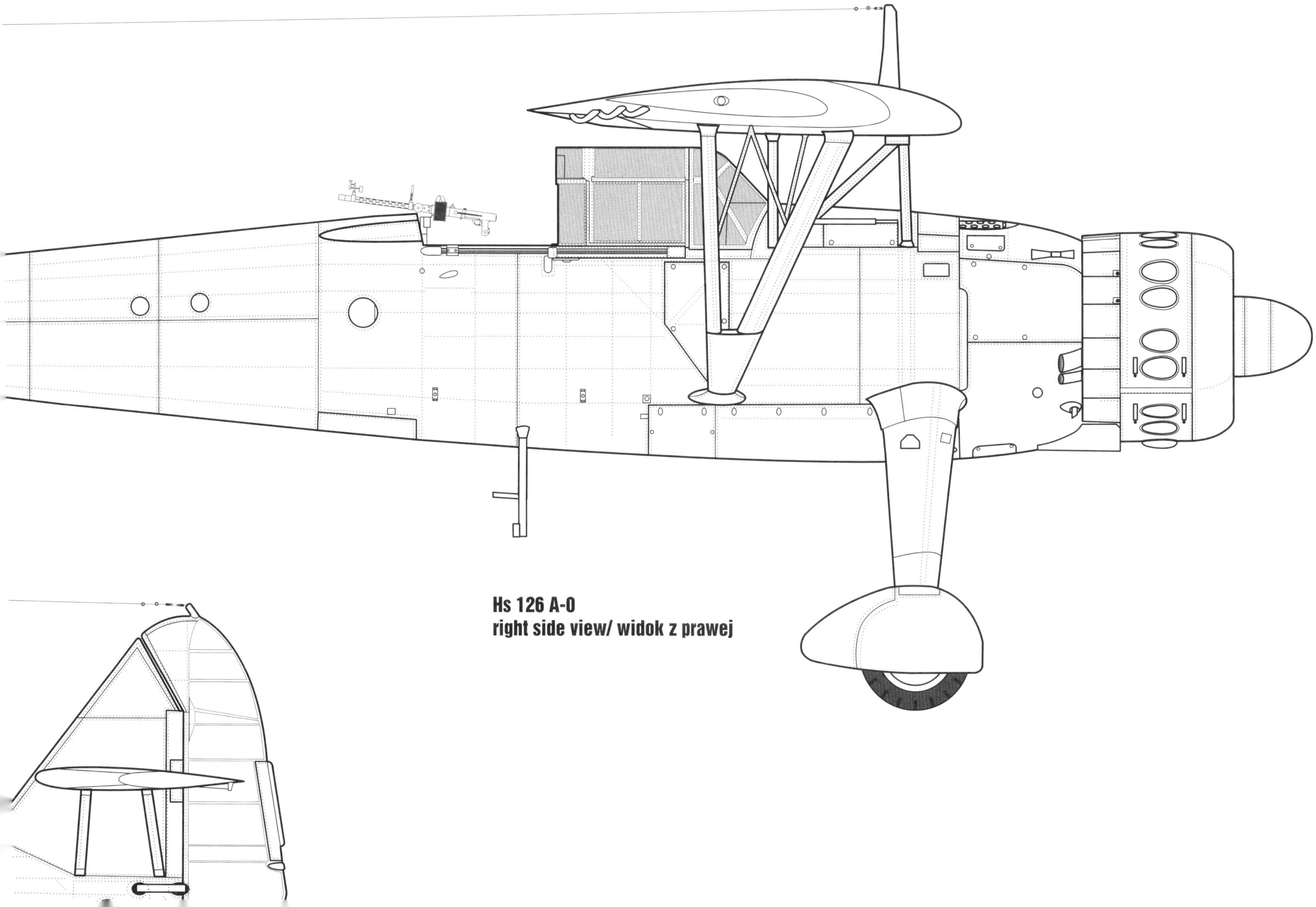

Hs 126 A-0
right side view/ widok z prawej

TOPDRAWINGS

Henschel Hs 126

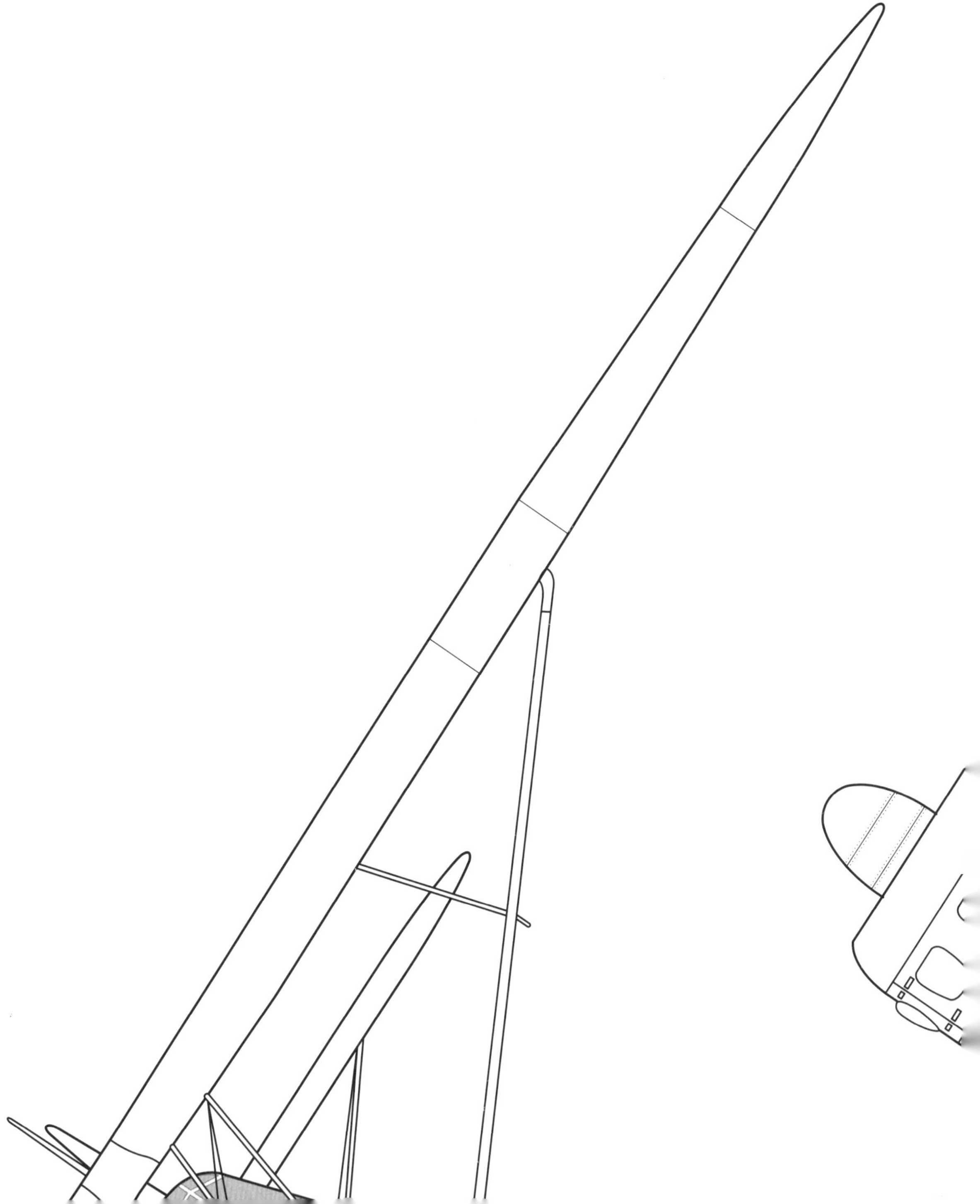

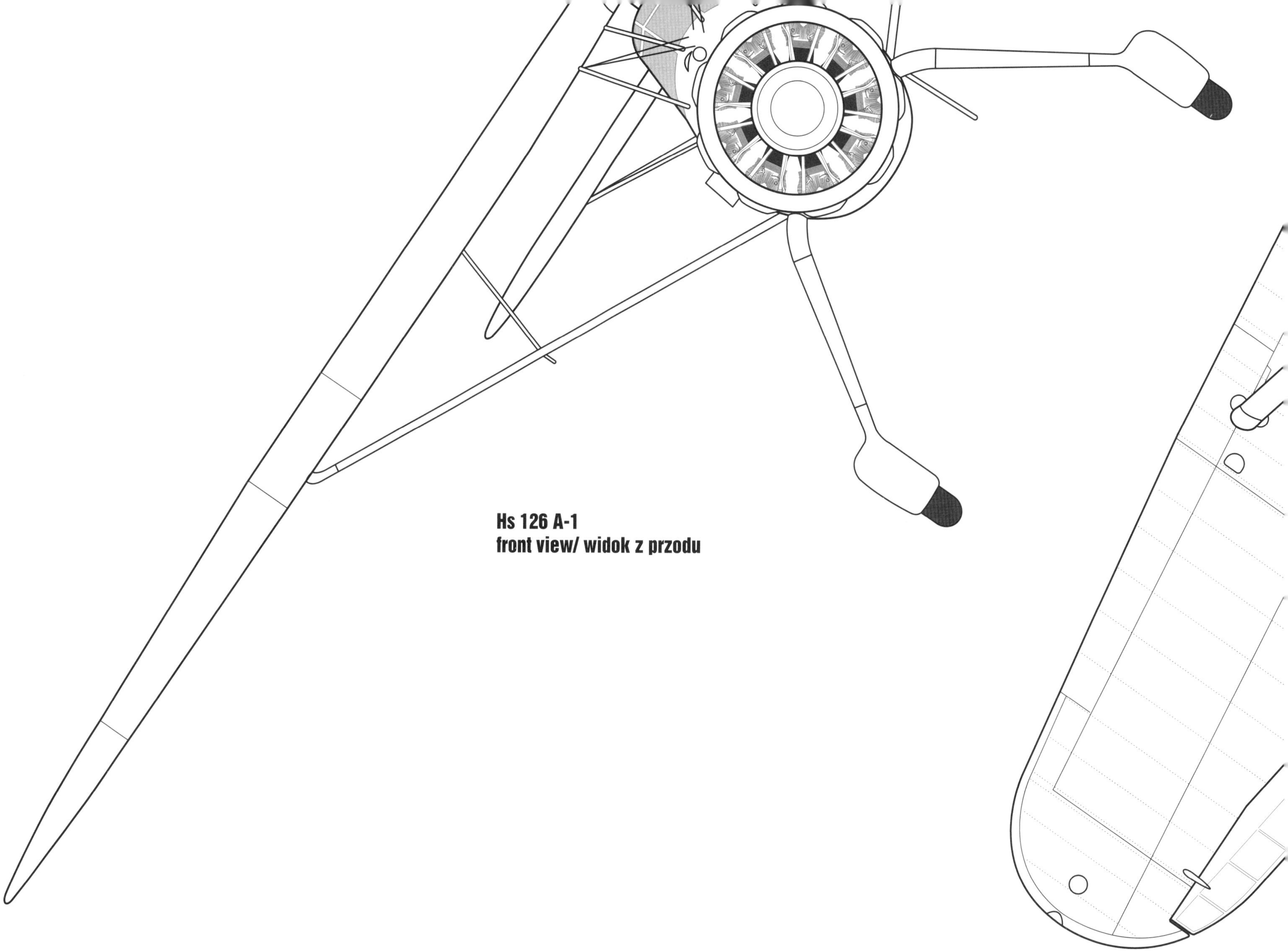

Hs 126 A-1
front view/ widok z przodu

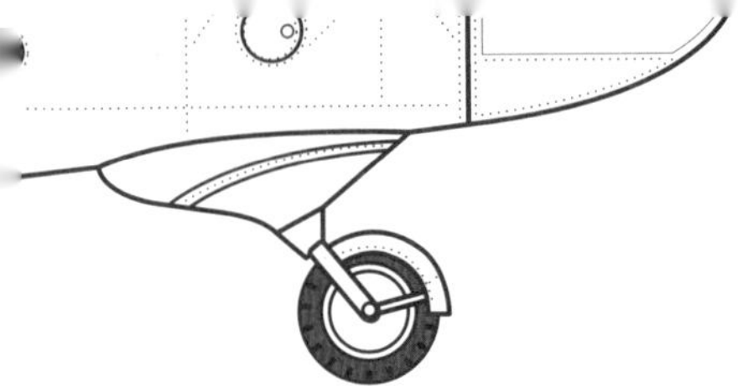

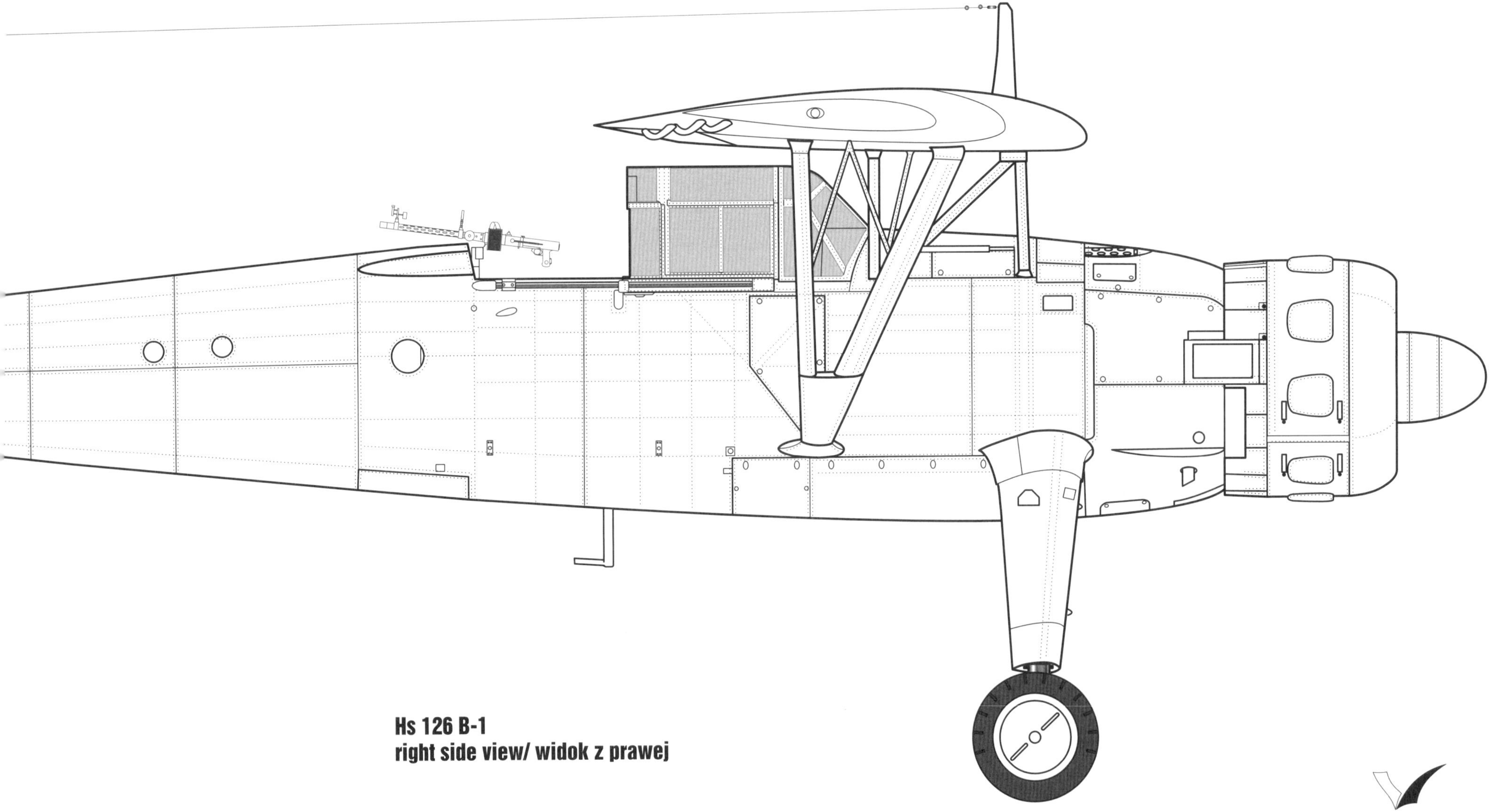

Hs 126 B-1
right side view/ widok z prawej

KAGERO

1:32 Scale

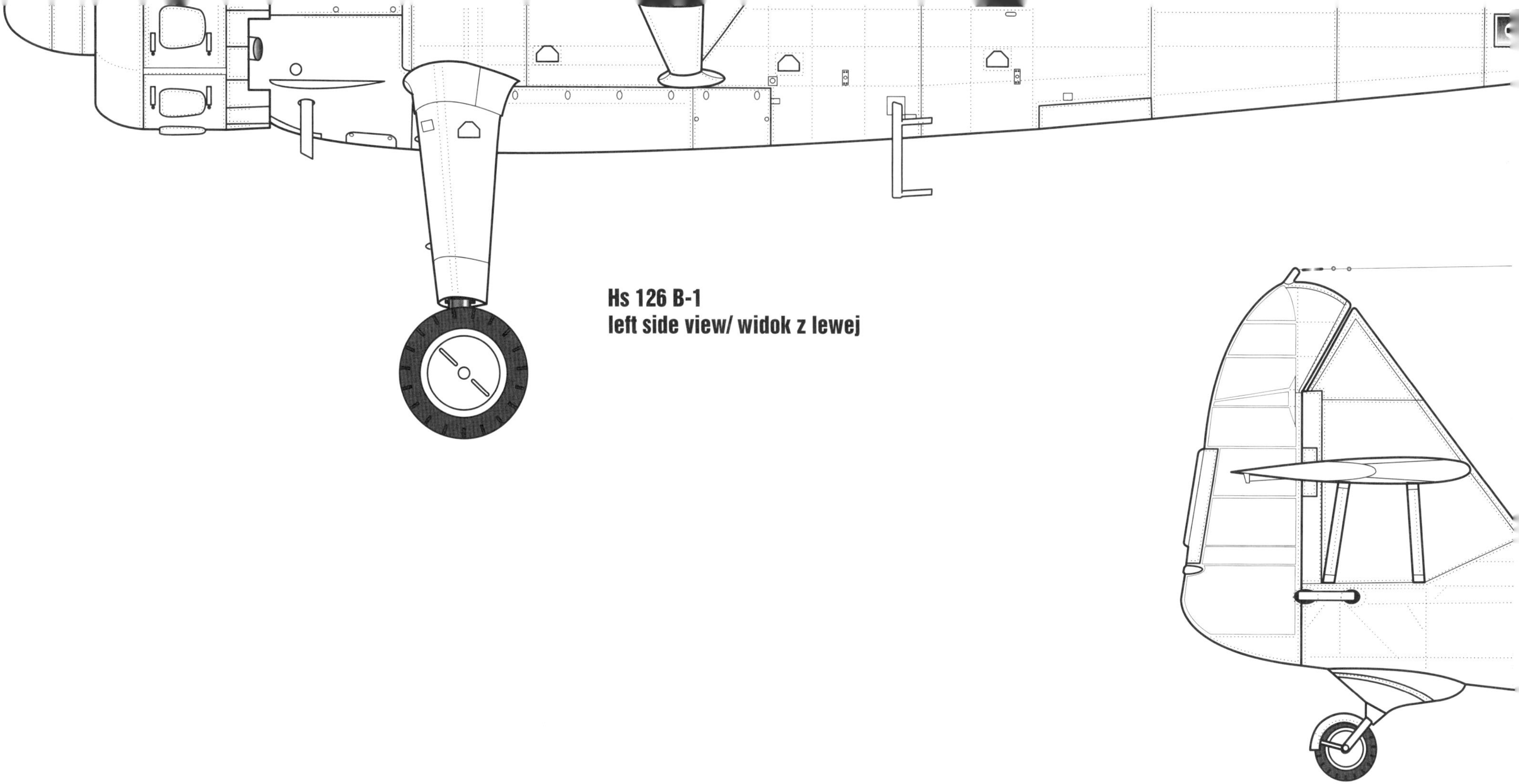

Hs 126 B-1

left side view/ widok z lewej

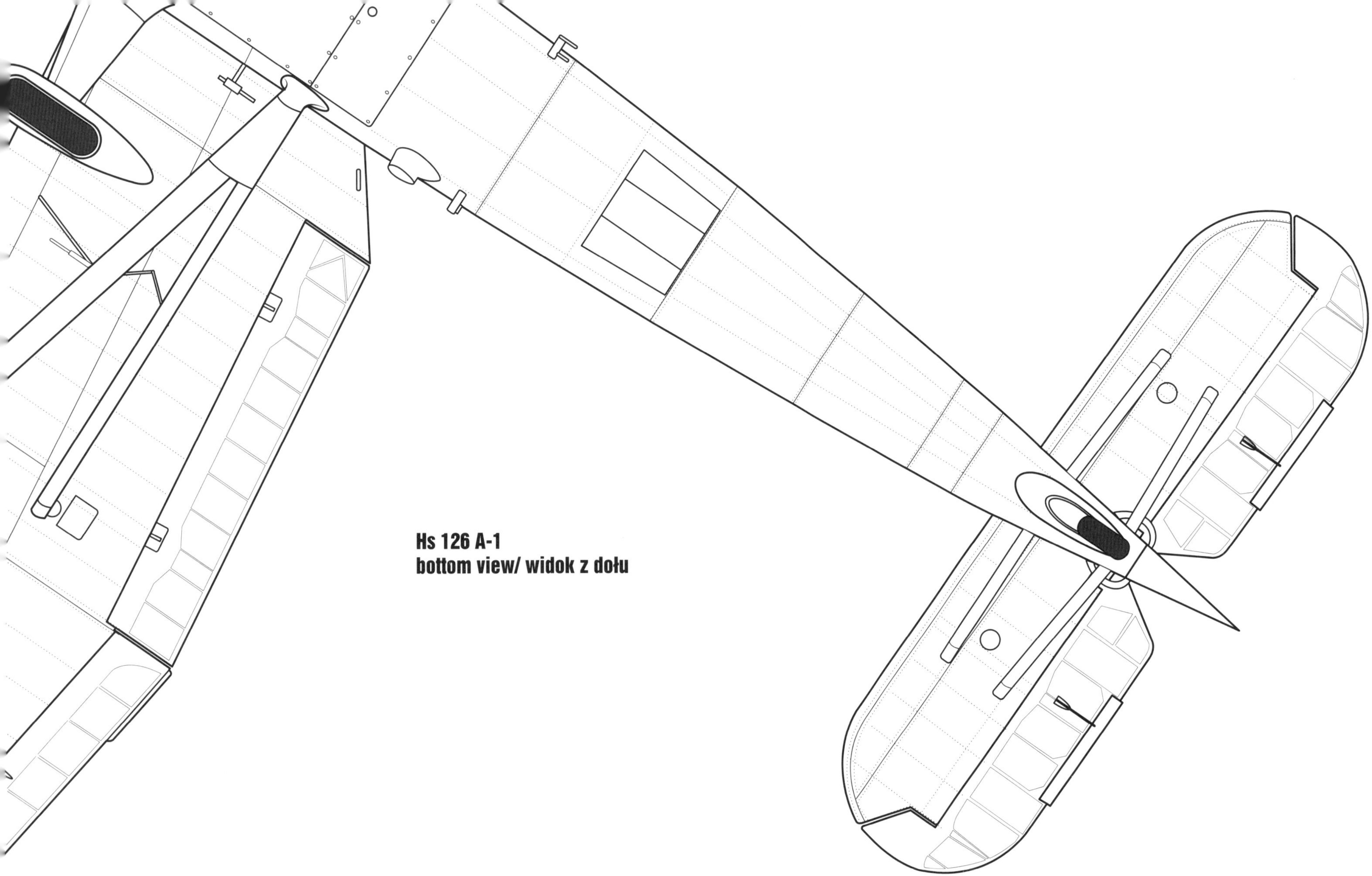

Hs 126 A-1
bottom view/ widok z dołu

KAGERO

1:32 Scale

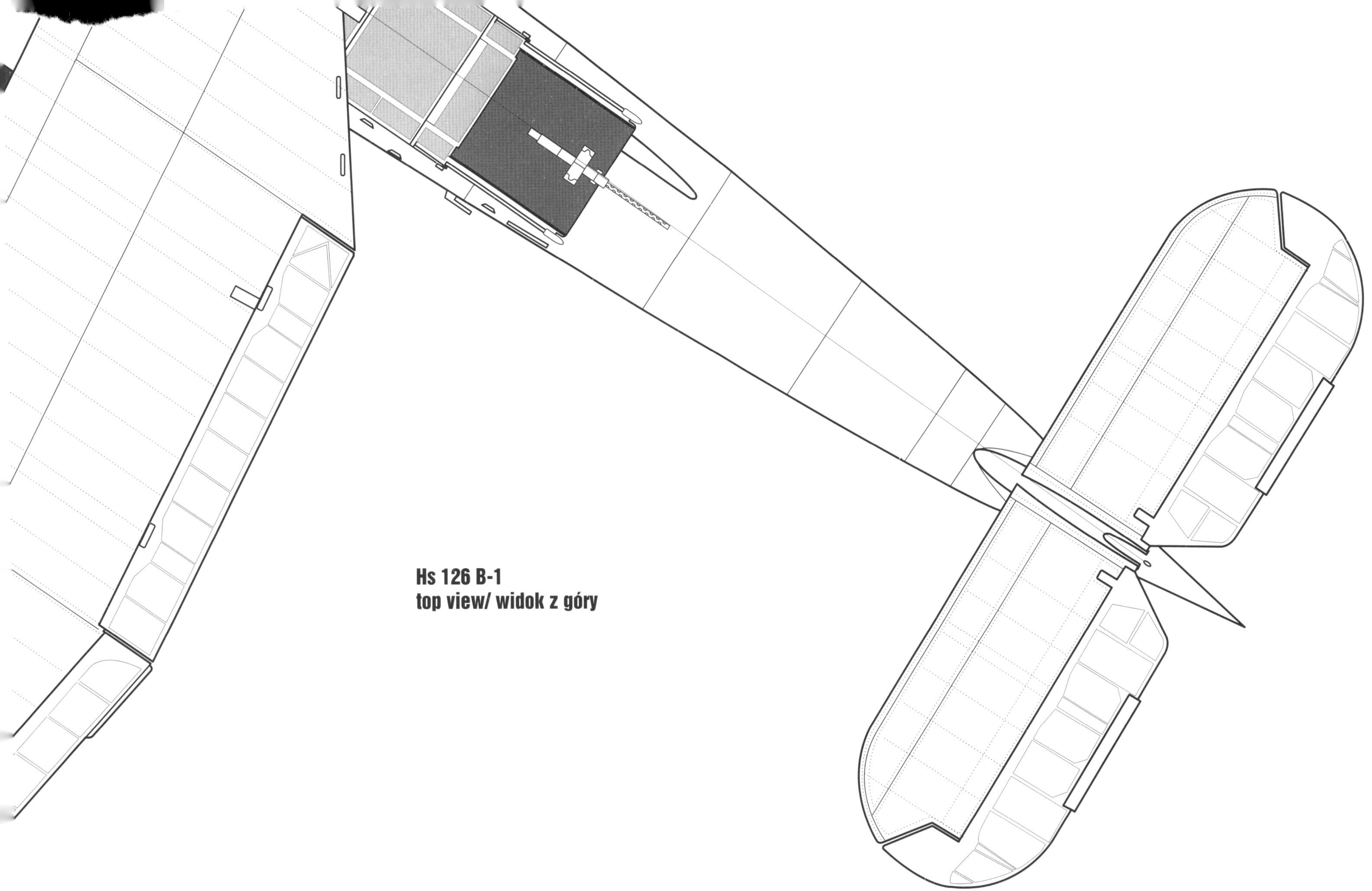

Hs 126 B-1
top view/ widok z góry

KAGERO
1:32 Scale

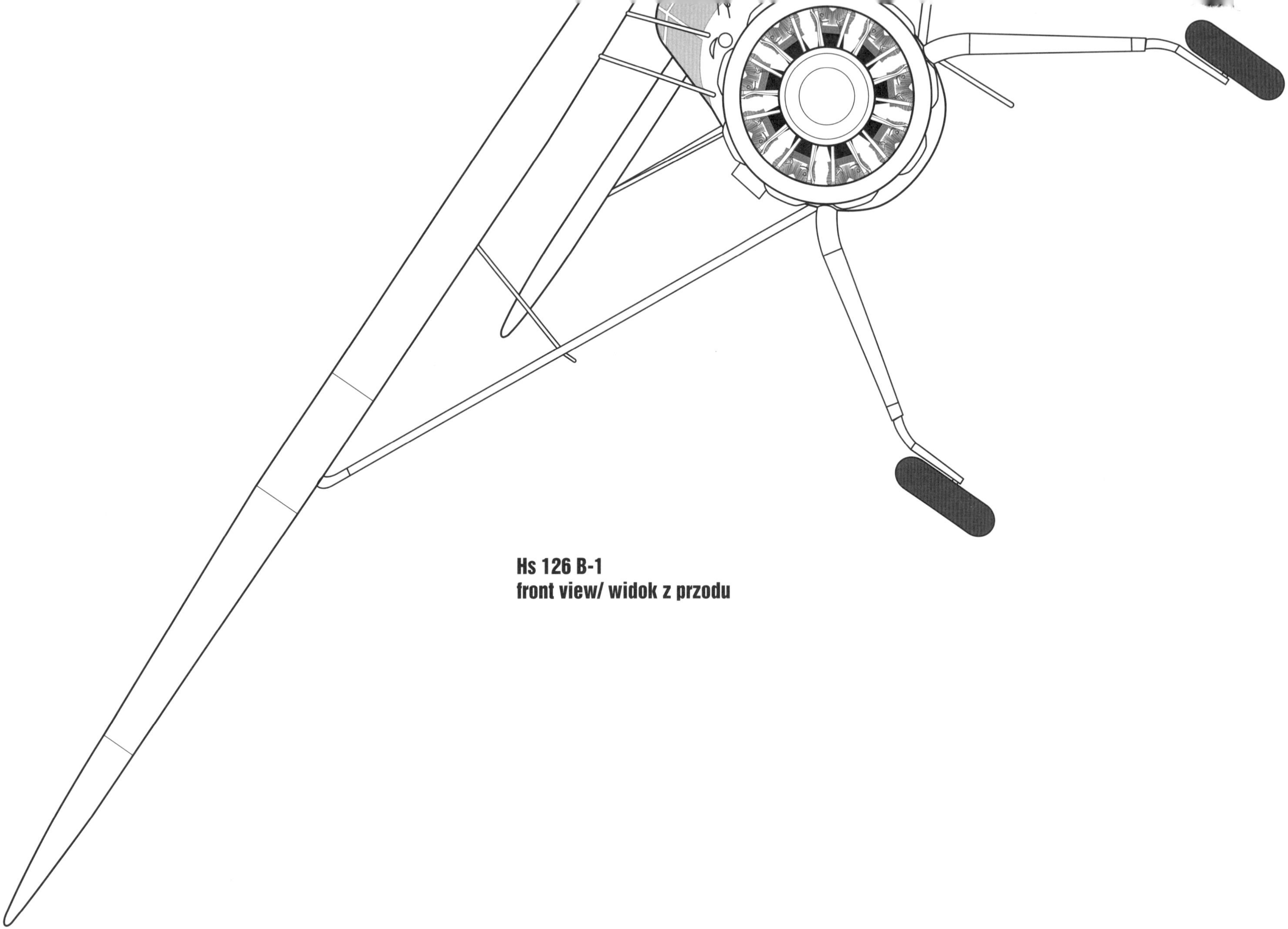

Hs 126 B-1
front view/ widok z przodu

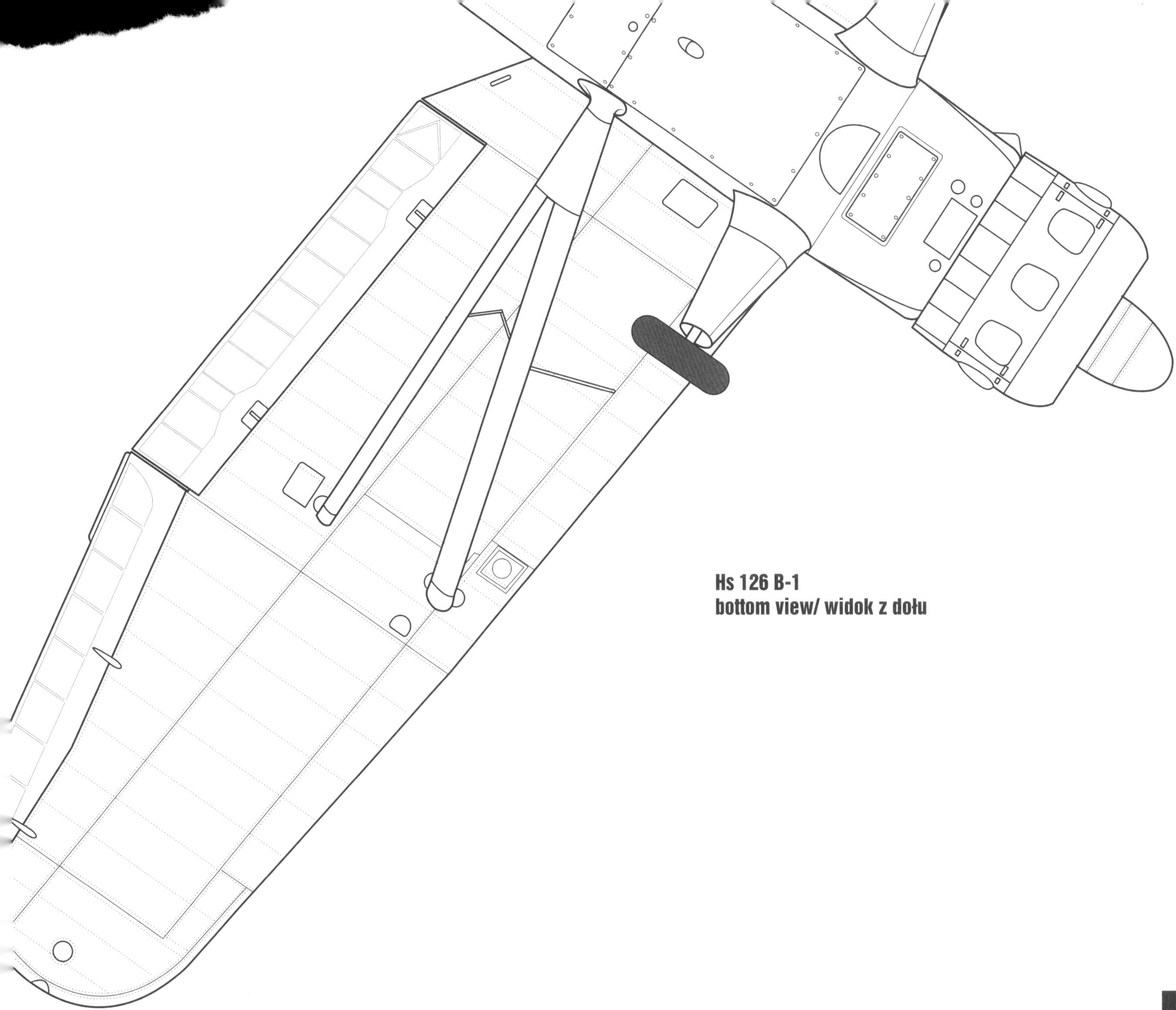

Hs 126 B-1
bottom view/ widok z dołu

KAGERO
1:32 Scale

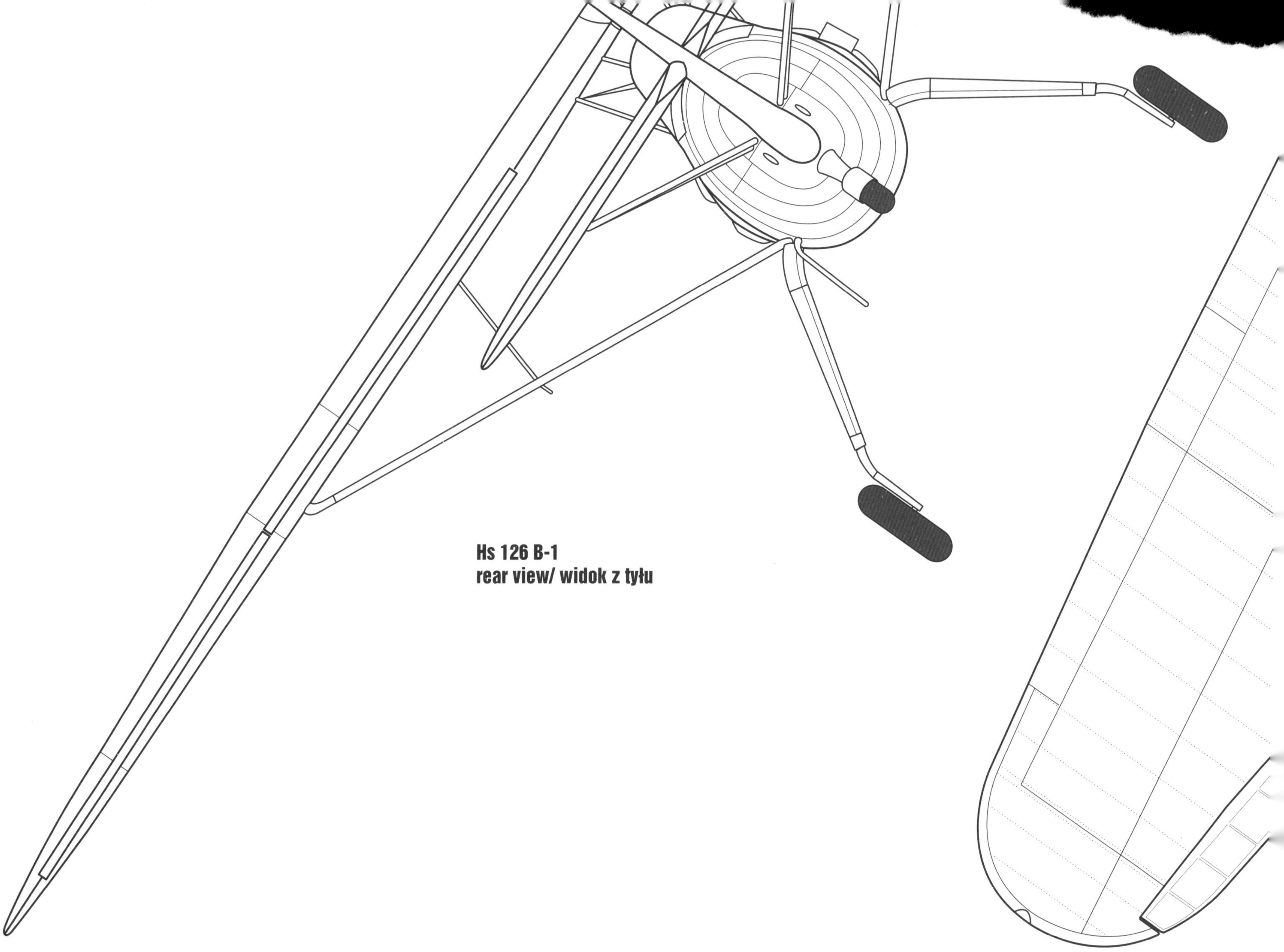

Hs 126 B-1
rear view/ widok z tyłu

TOPDRAWINGS

Henschel Hs 126

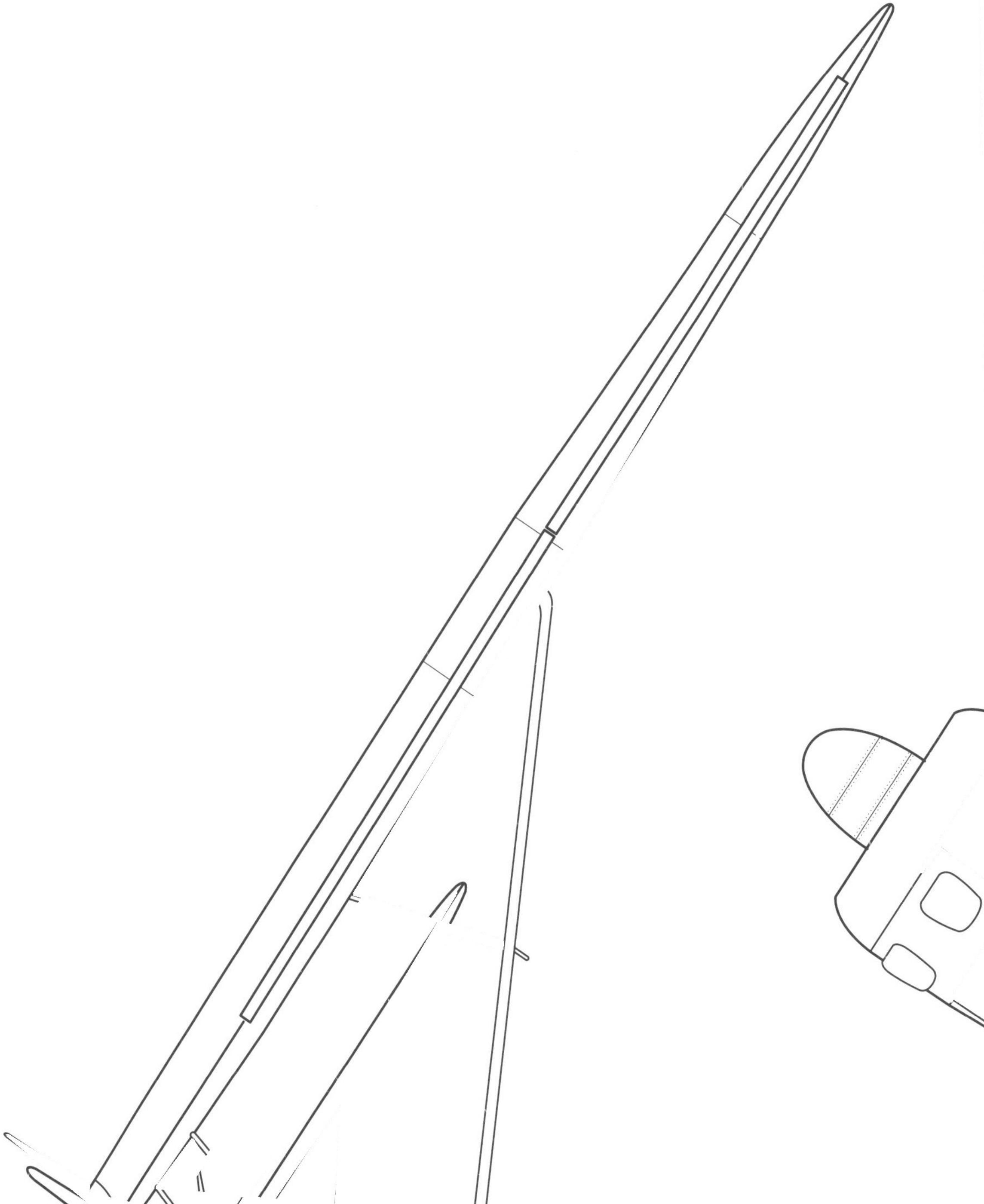

Sheet/Arkusz F

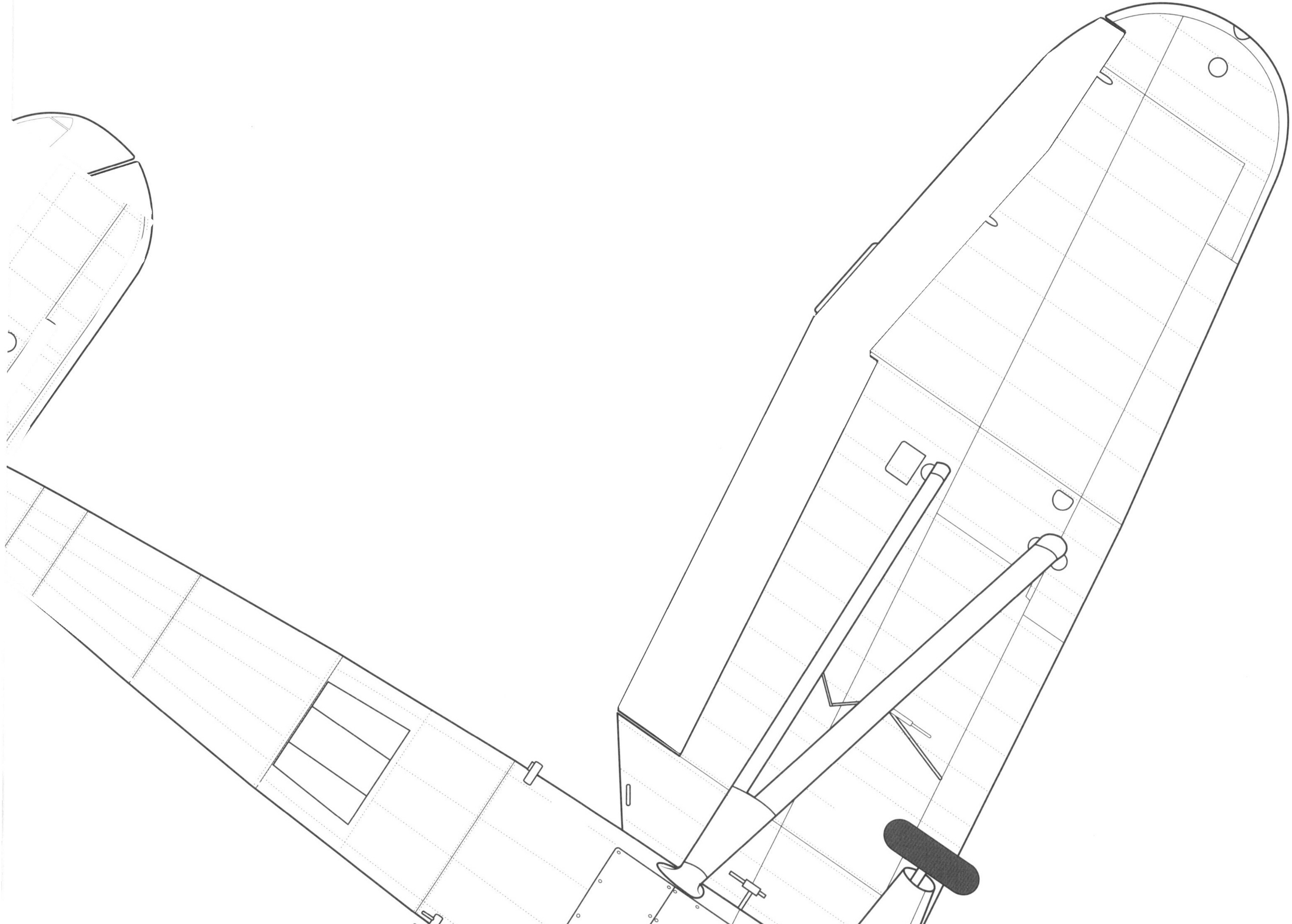

TOPDRAWINGS

Drawings / rysował © Srećko Bradić

Henschel Hs 126

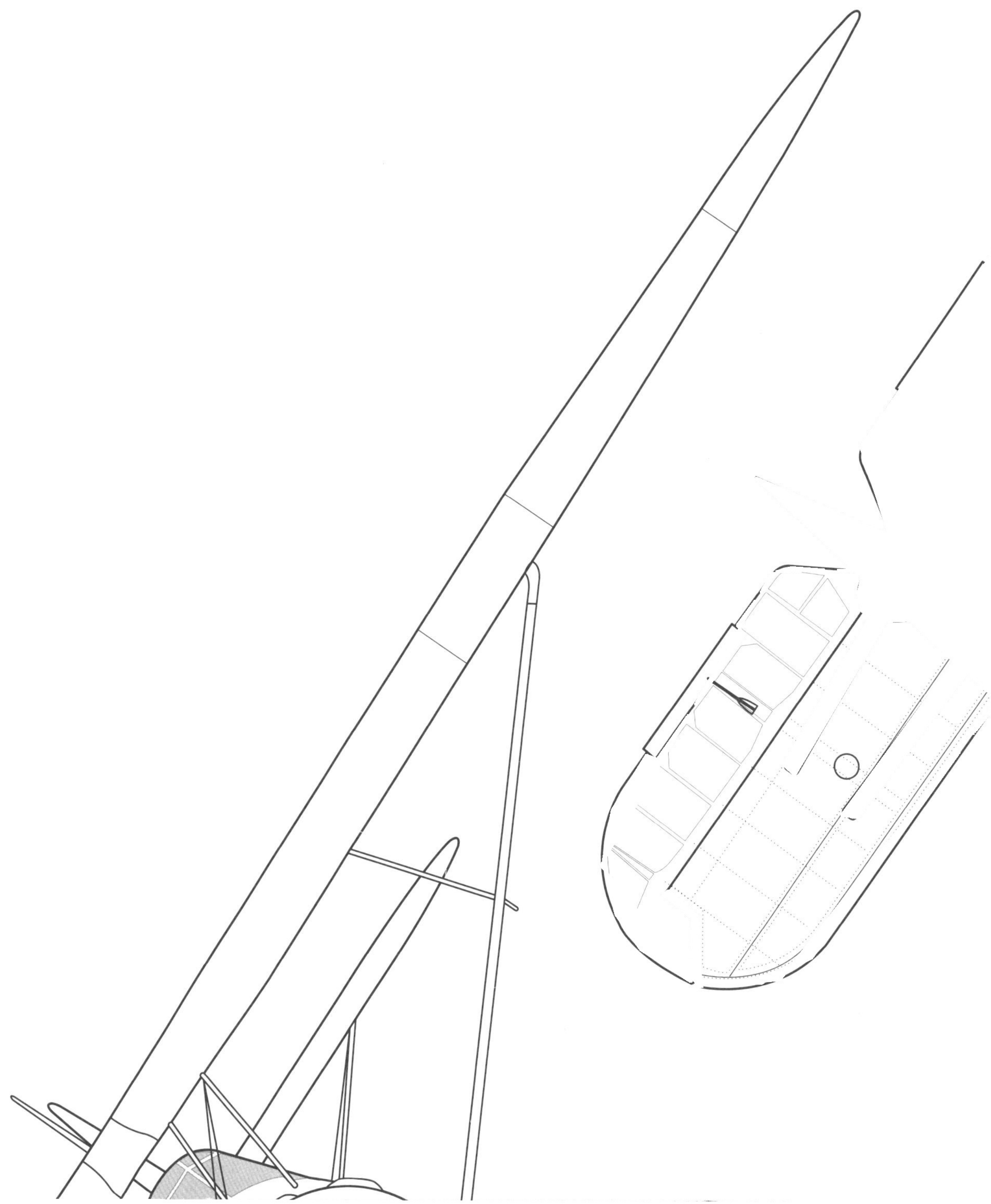

Sheet/Arkusz E

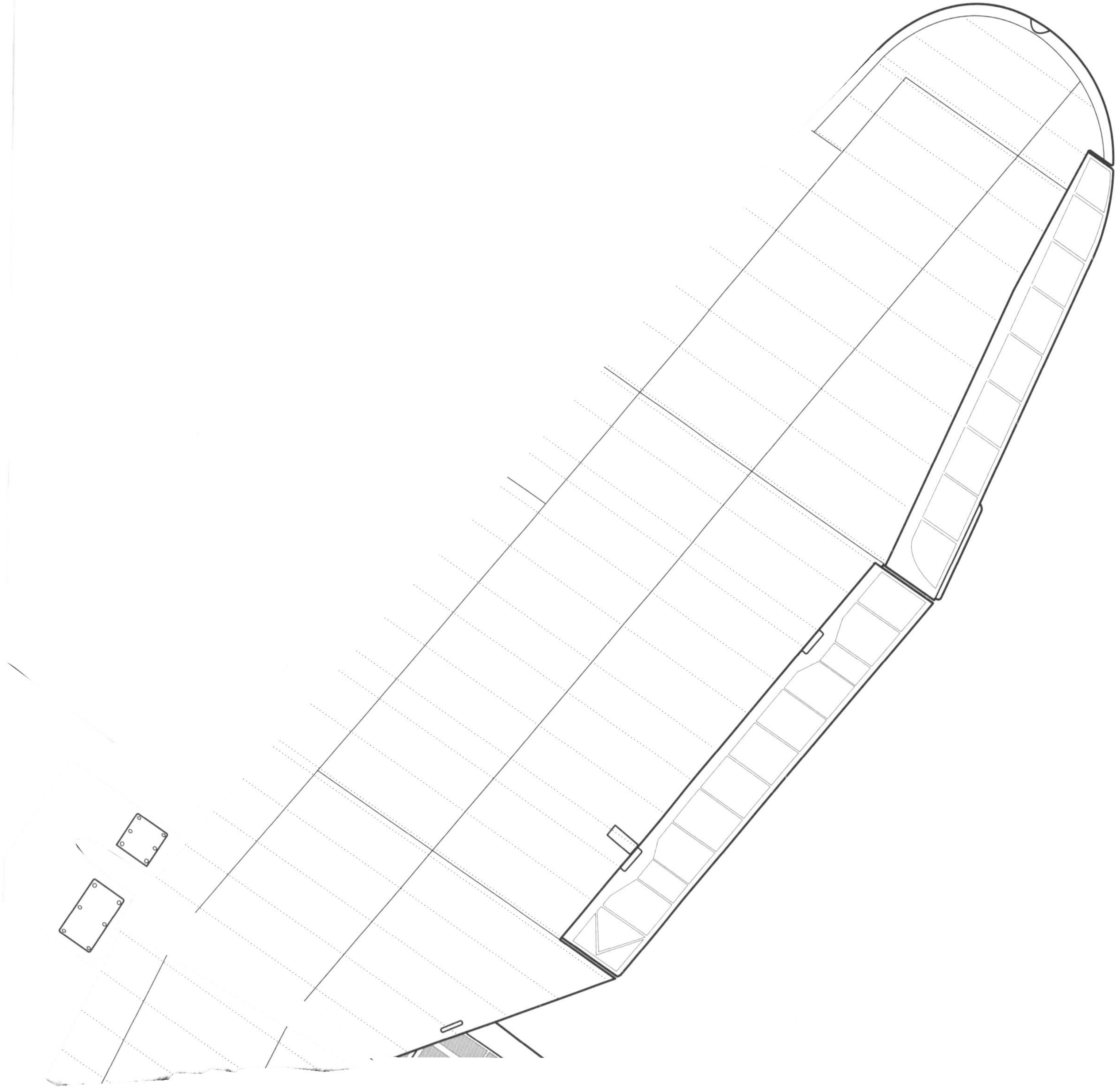

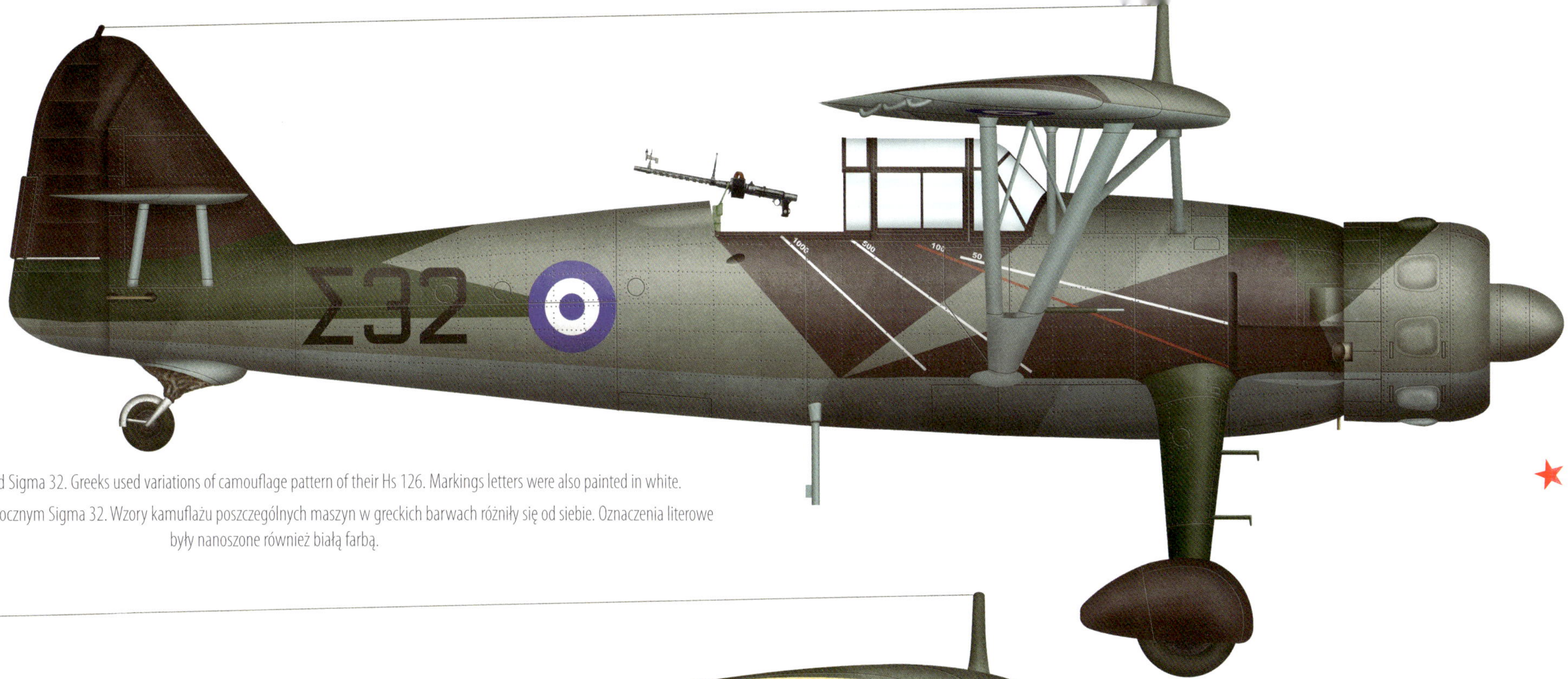

Greek Hs 126 A-1 coded Sigma 32. Greeks used variations of camouflage pattern of their Hs 126. Markings letters were also painted in white.

Grecki Hs 126 A-1 o kodzie bocznym Sigma 32. Wzory kamuflażu poszczególnych maszyn w greckich barwach różniły się od siebie. Oznaczenia literowe były nanoszone również białą farbą.

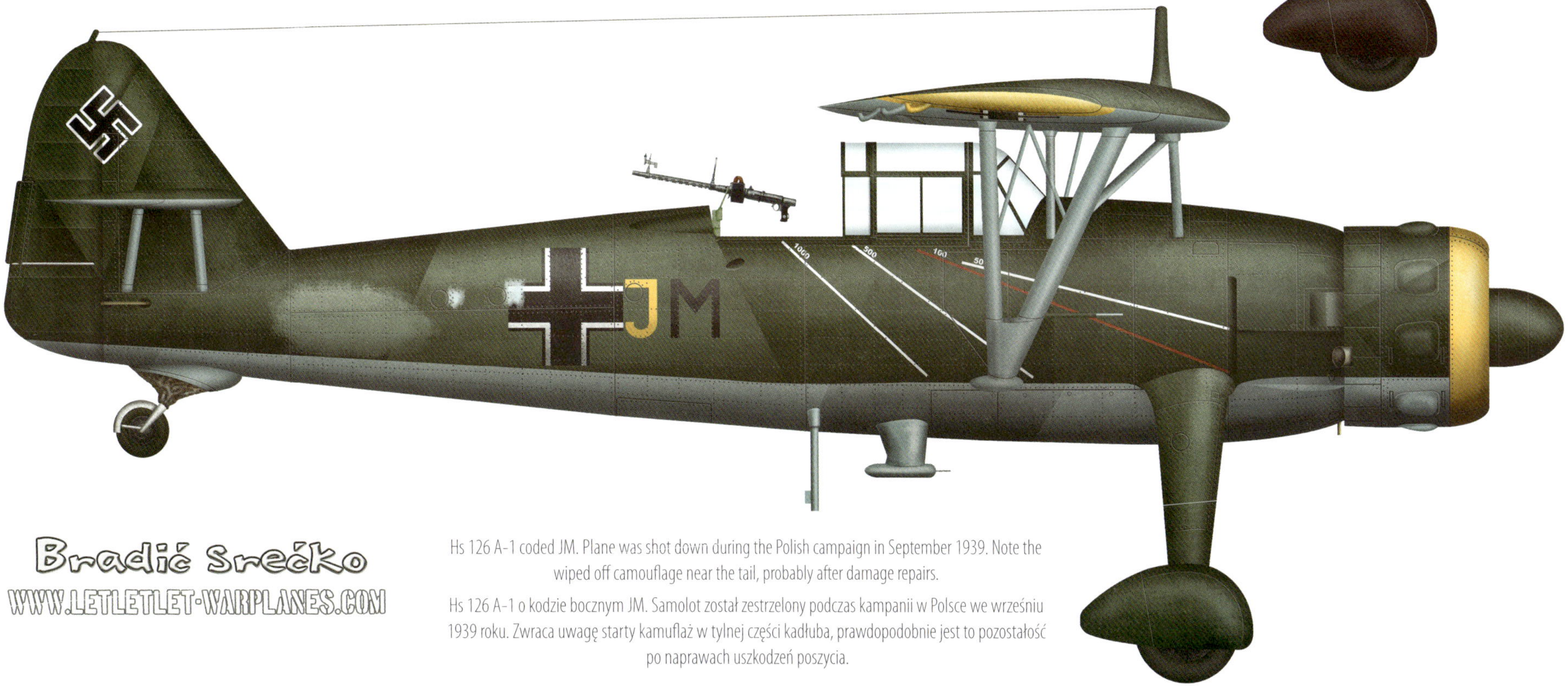

Hs 126 A-1 coded JM. Plane was shot down during the Polish campaign in September 1939. Note the wiped off camouflage near the tail, probably after damage repairs.

Hs 126 A-1 o kodzie bocznym JM. Samolot został zestrzelony podczas kampanii w Polsce we wrześniu 1939 roku. Zwraca uwagę starty kamuflaż w tylnej części kadłuba, prawdopodobnie jest to pozostałość po naprawach uszkodzeń poszycia.

Painted by / Malował: Srećko Bradić

Painted by / Malował:
Srećko Bradić

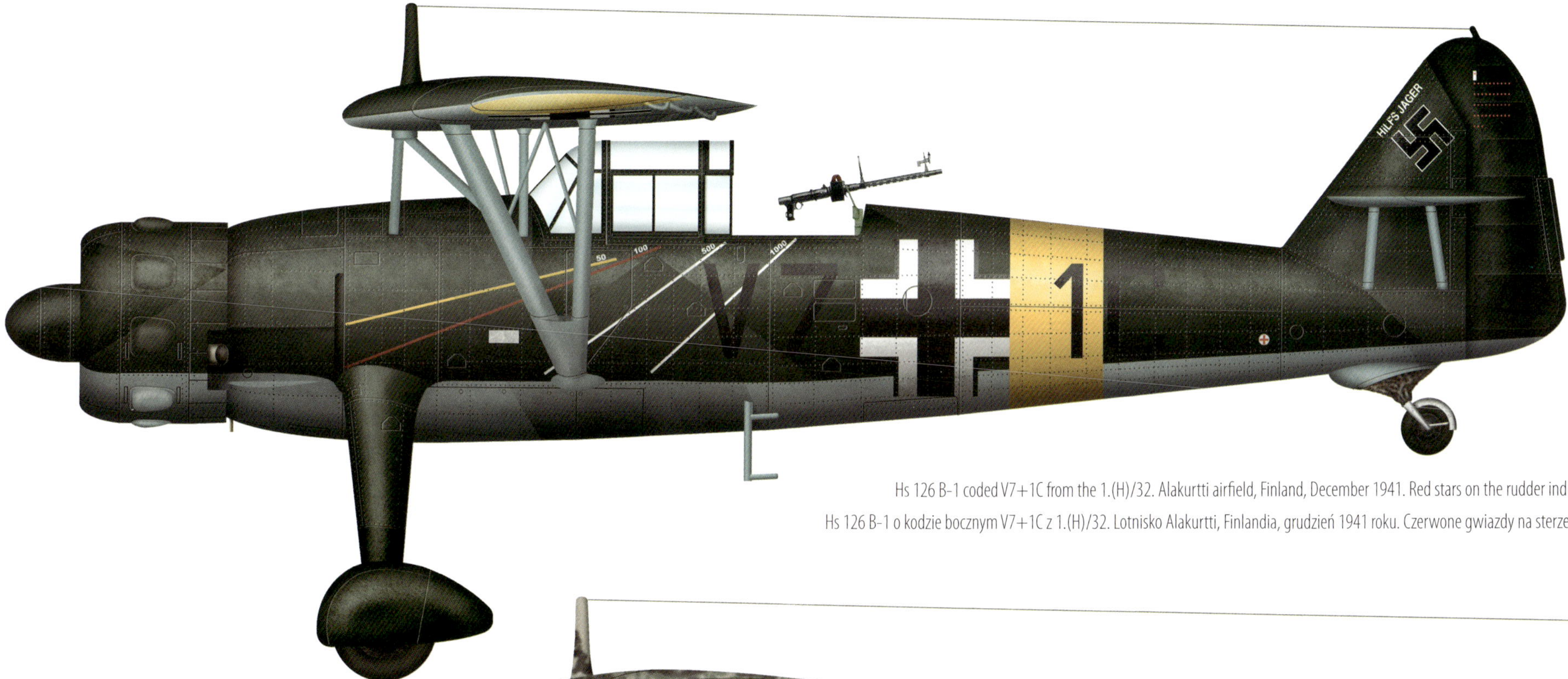

Hs 126 B-1 coded V7+1C from the 1.(H)/32. Alakurtti airfield, Finland, December 1941. Red stars on the rudder indicate combat missions.

Hs 126 B-1 o kodzie bocznym V7+1C z 1.(H)/32. Lotnisko Alakurtti, Finlandia, grudzień 1941 roku. Czerwone gwiazdy na sterze kierunku oznaczają misje bojowe.

Hs 126 B-1 from the Aufklärungsgruppe 14 which operated in Africa in 1942. According to the color photos from that period it is very possible that plane had Italian colors on top surfaces. Note the enlarged national insignia on the fuselage.

Hs 126 B-1 z Aufklärungsgruppe 14 operującej w Afryce w 1942 roku. Bazując na kolorowych zdjęciach z tego okresu, można przypuszczać, że kamuflaż został wykonany włoskimi farbami. Uwagę zwraca większy niż zwykle niemiecki krzyż na kadłubie.

Bradić Srećko
WWW.LETLETLET-WARPLANES.COM

TOPDRAWINGS
Drawings / rysował © Srećko Bradić

Henschel Hs 126

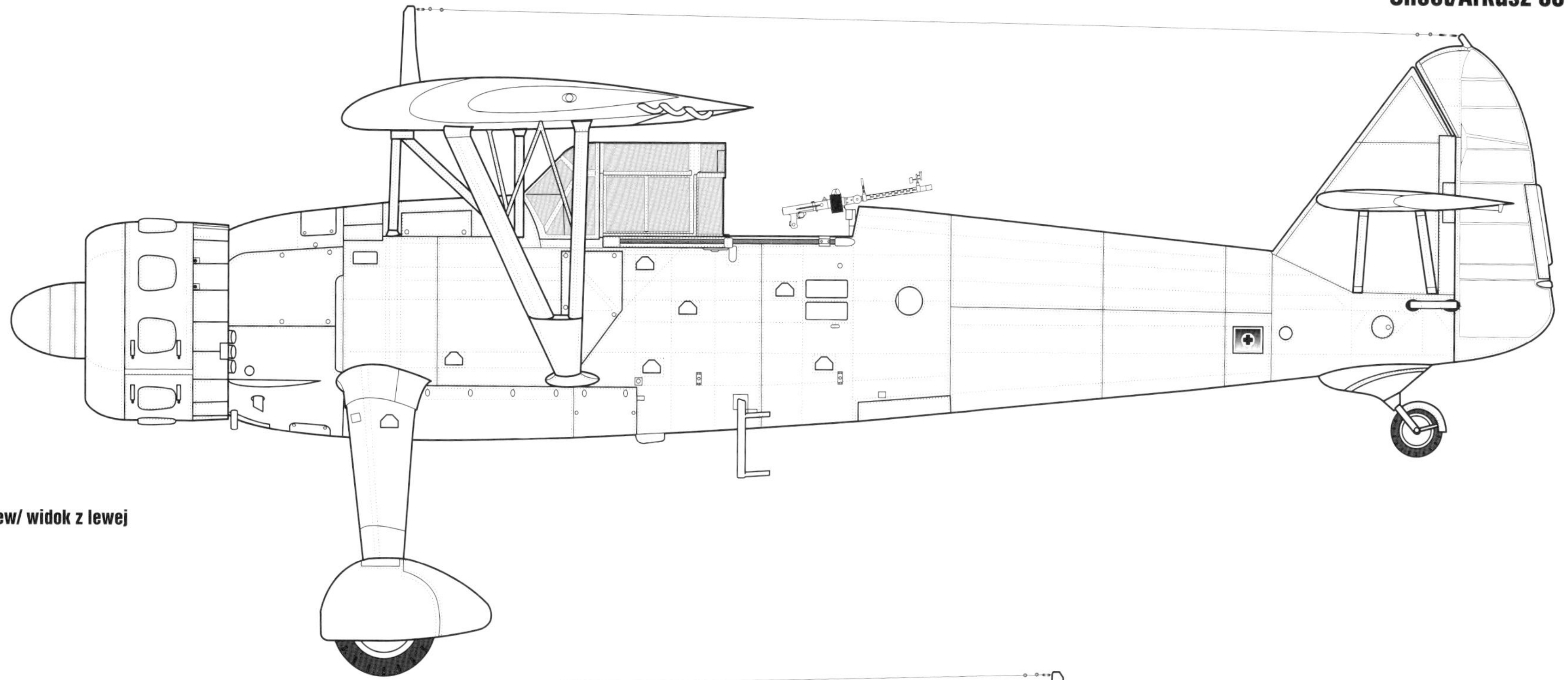

Hs 126 A-1
left side view/ widok z lewej

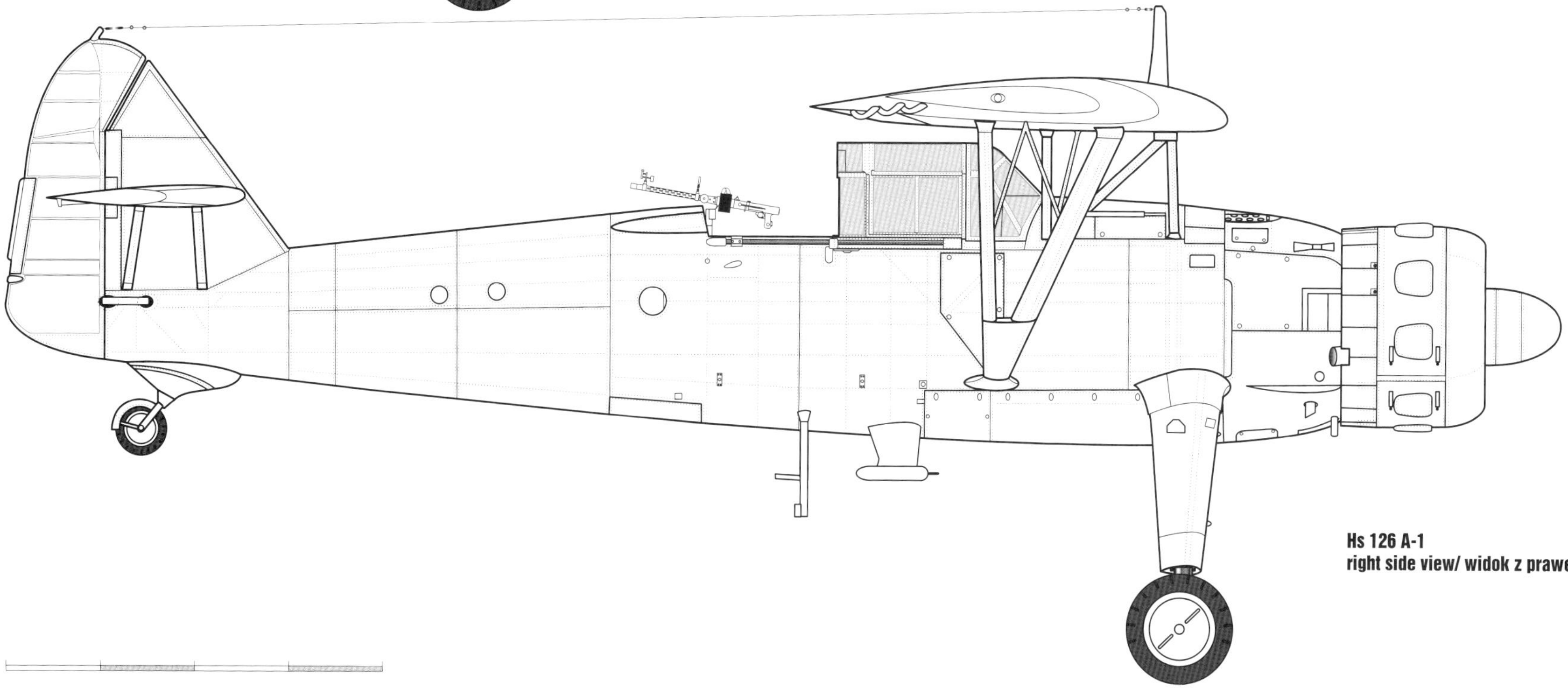

Hs 126 A-1
right side view/ widok z prawej

KAGERO

1:48 Scale

TOPDRAWINGS

Drawings / rysował © Srećko Bradić

Henschel Hs 126

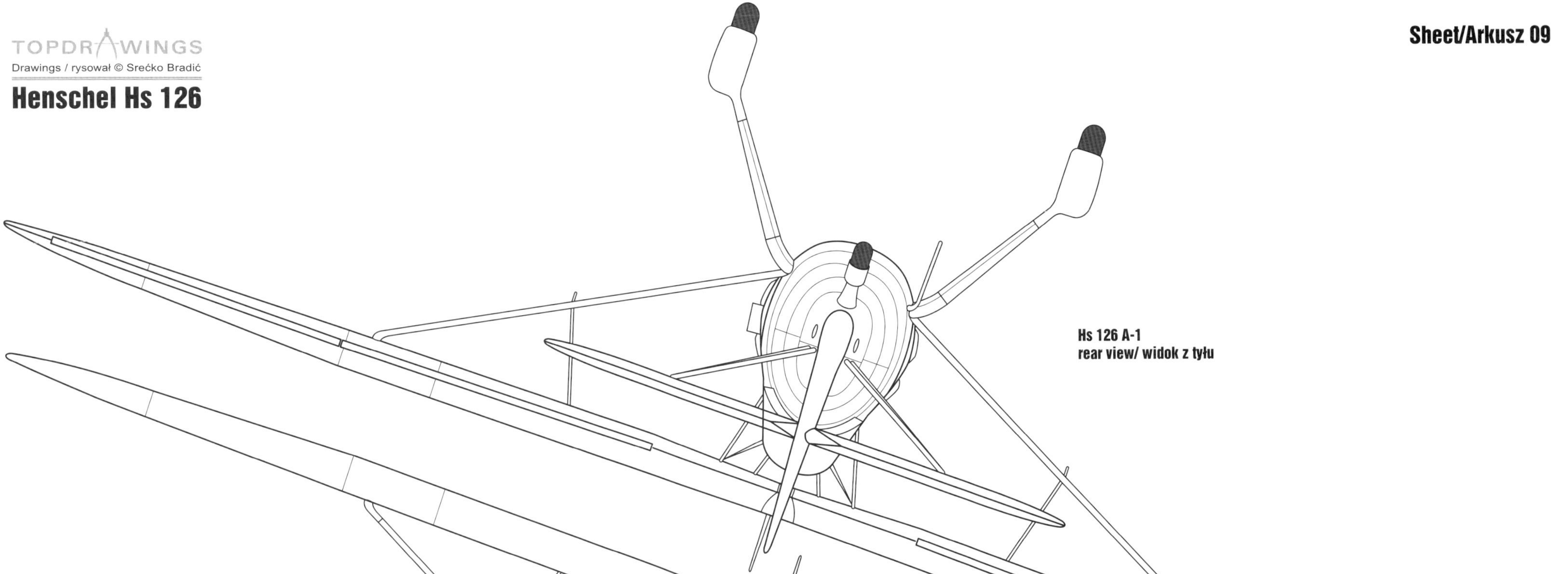

Hs 126 A-1
rear view/ widok z tyłu

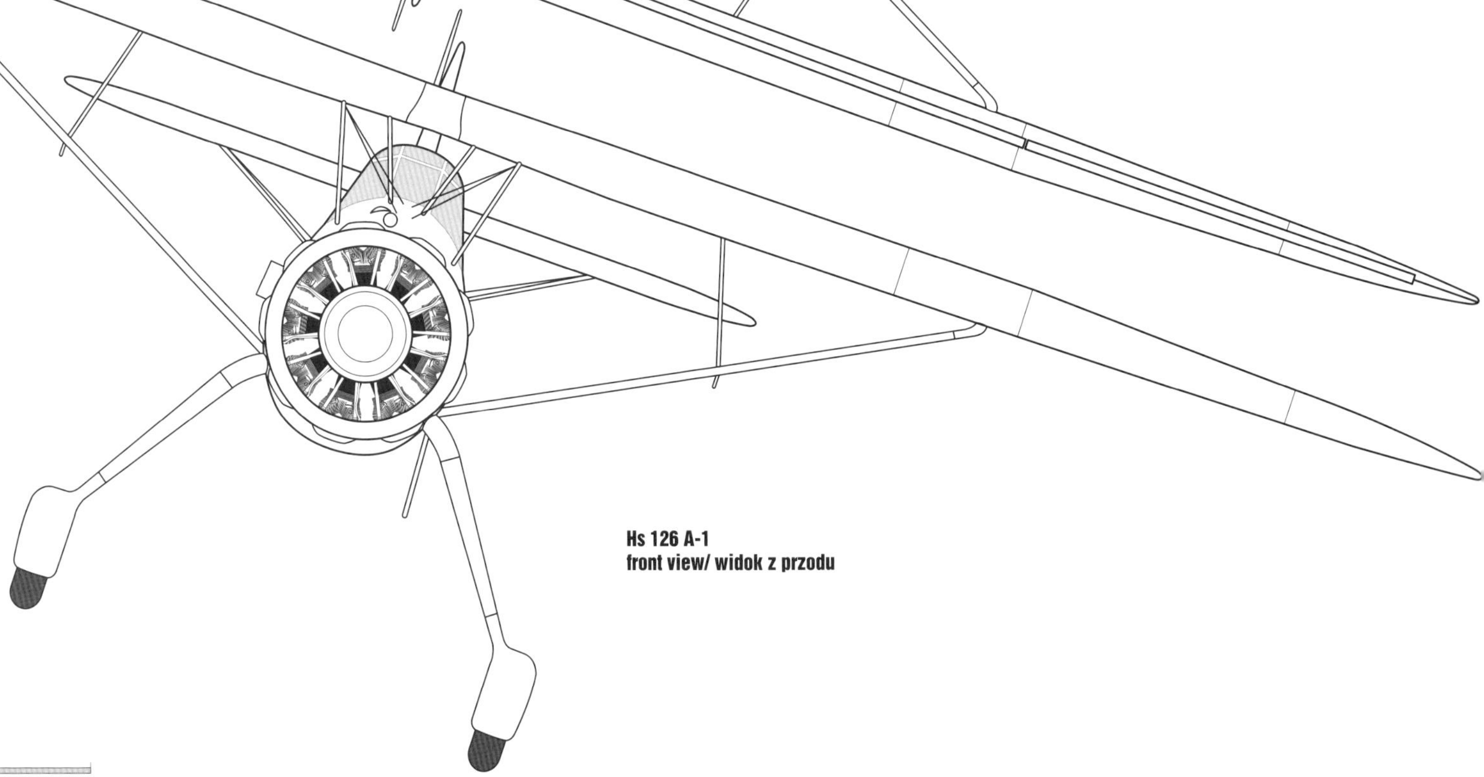

Hs 126 A-1
front view/ widok z przodu

KAGERO

1:48 Scale

TOPDRAWINGS
Drawings / rysował © Srećko Bradić

Henschel Hs 126

Sheet/Arkusz 10

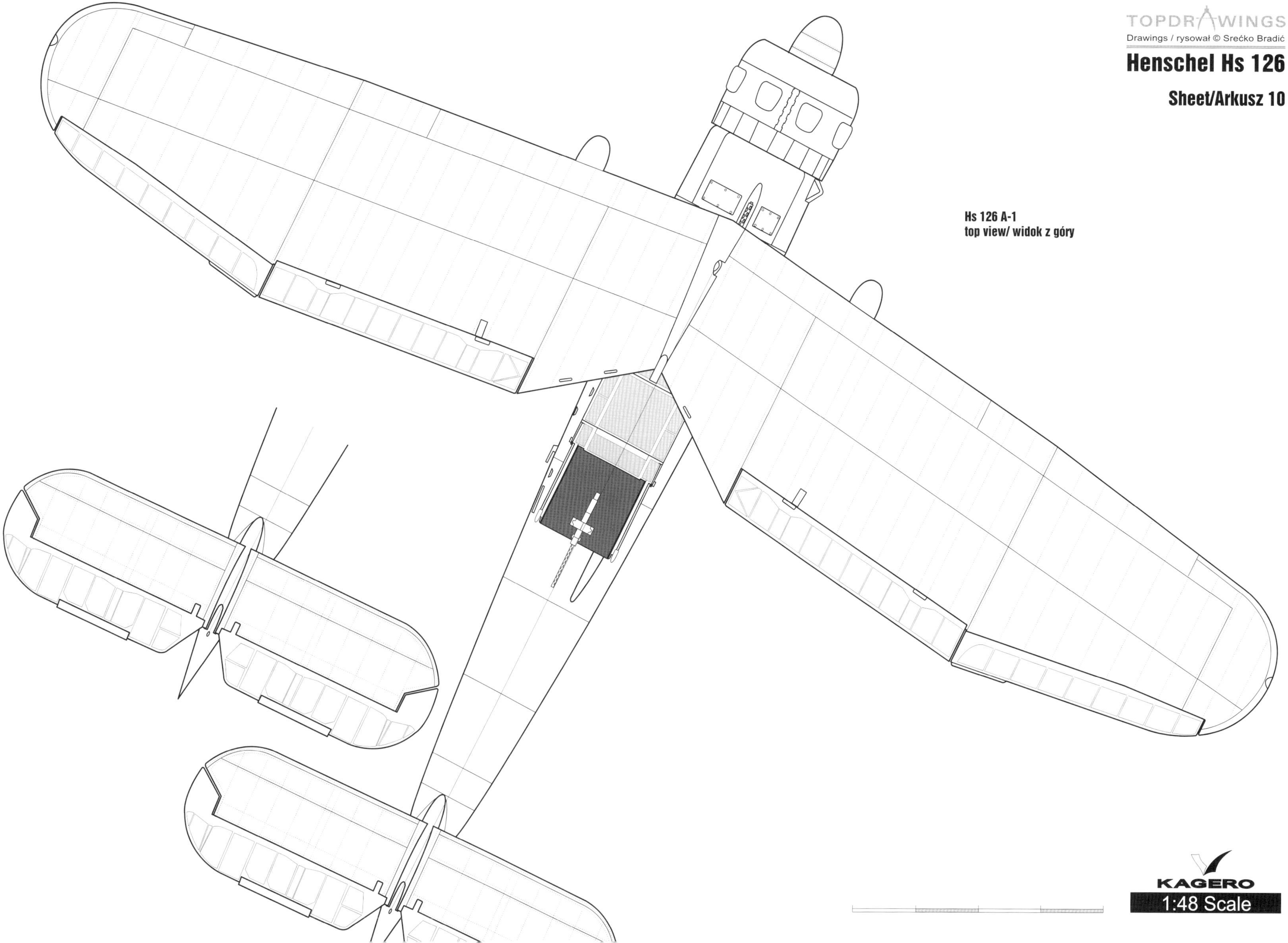

KAGERO

1:48 Scale

TOPDRAWINGS

Drawings / rysował © Srećko Bradić

Henschel Hs 126

Sheet/Arkusz 11

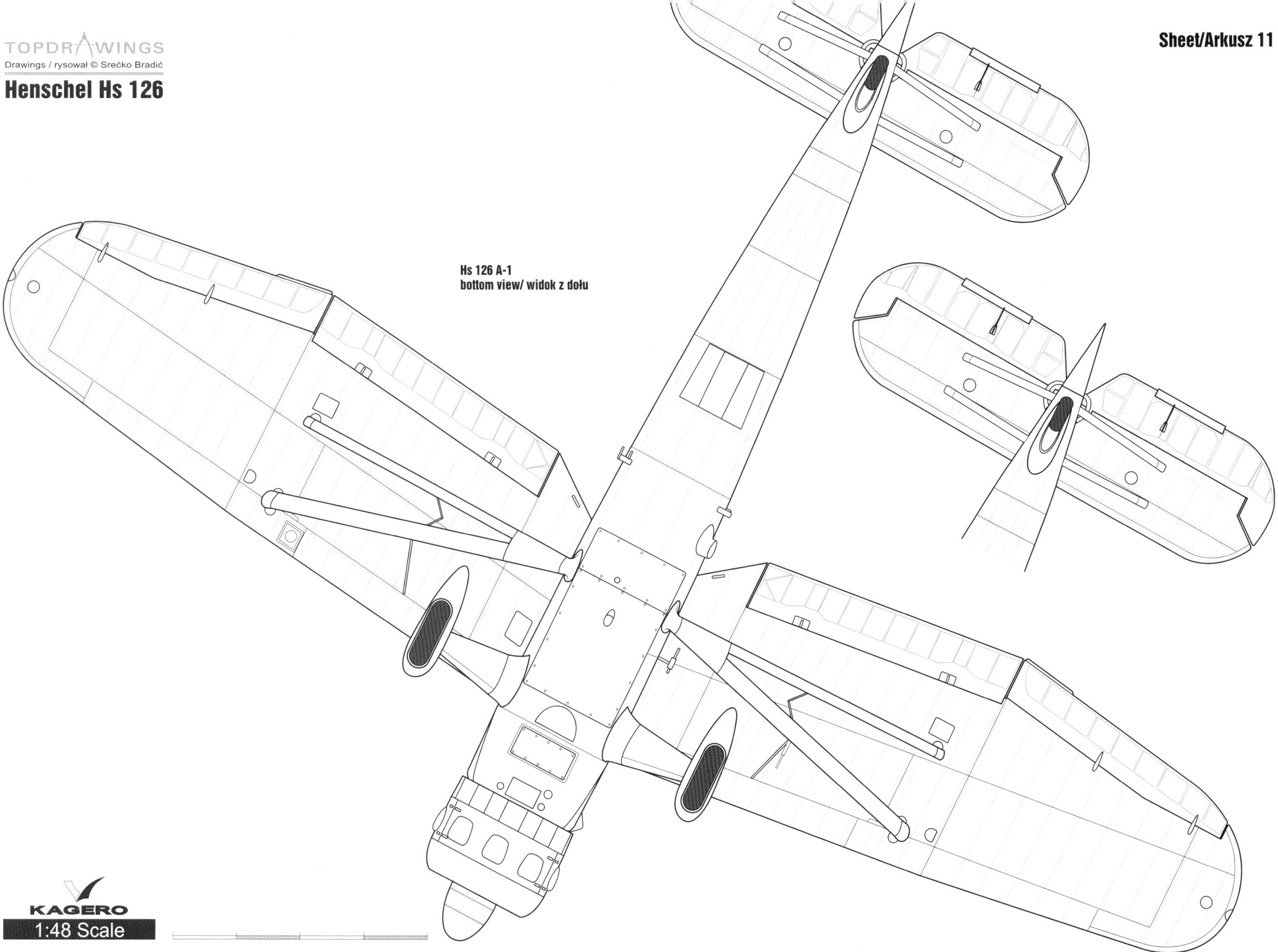

Hs 126 A-1
bottom view/ widok z dołu

KAGERO

1:48 Scale

TOPDRAWINGS
Drawings / rysował © Srećko Bradić

Henschel Hs 126

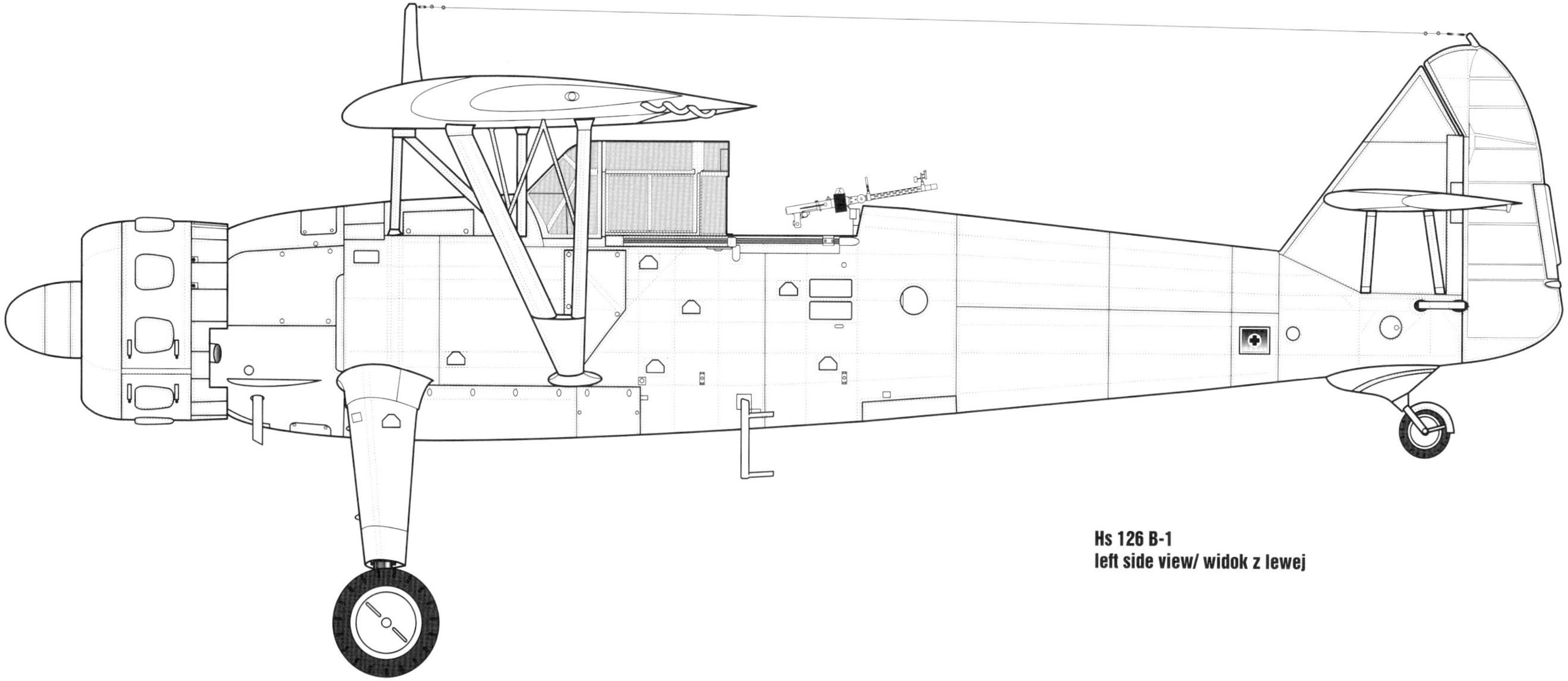

Hs 126 B-1
left side view/ widok z lewej

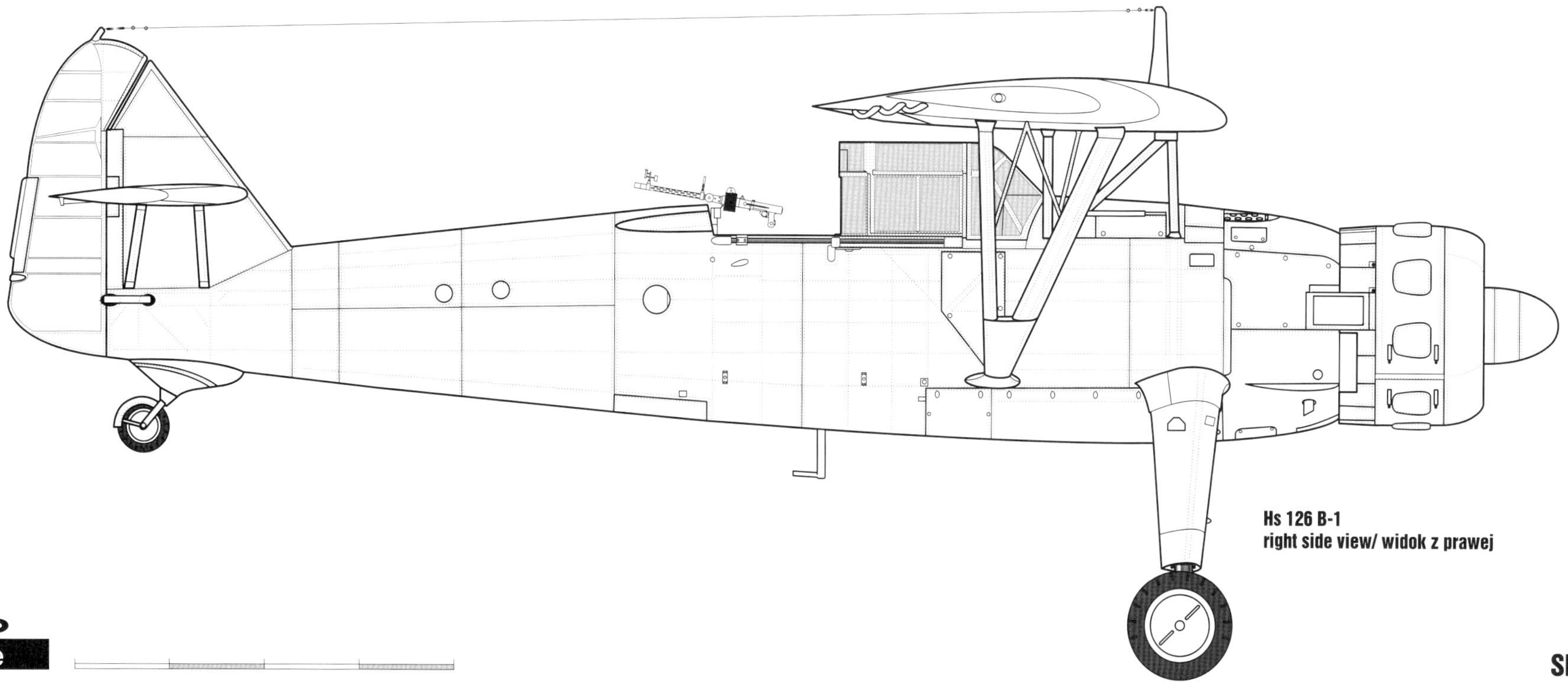

Hs 126 B-1
right side view/ widok z prawej

KAGERO
1:48 Scale

Sheet/Arkusz 12

TOPDRAWINGS

Drawings / rysował © Srećko Bradić

Henschel Hs 126

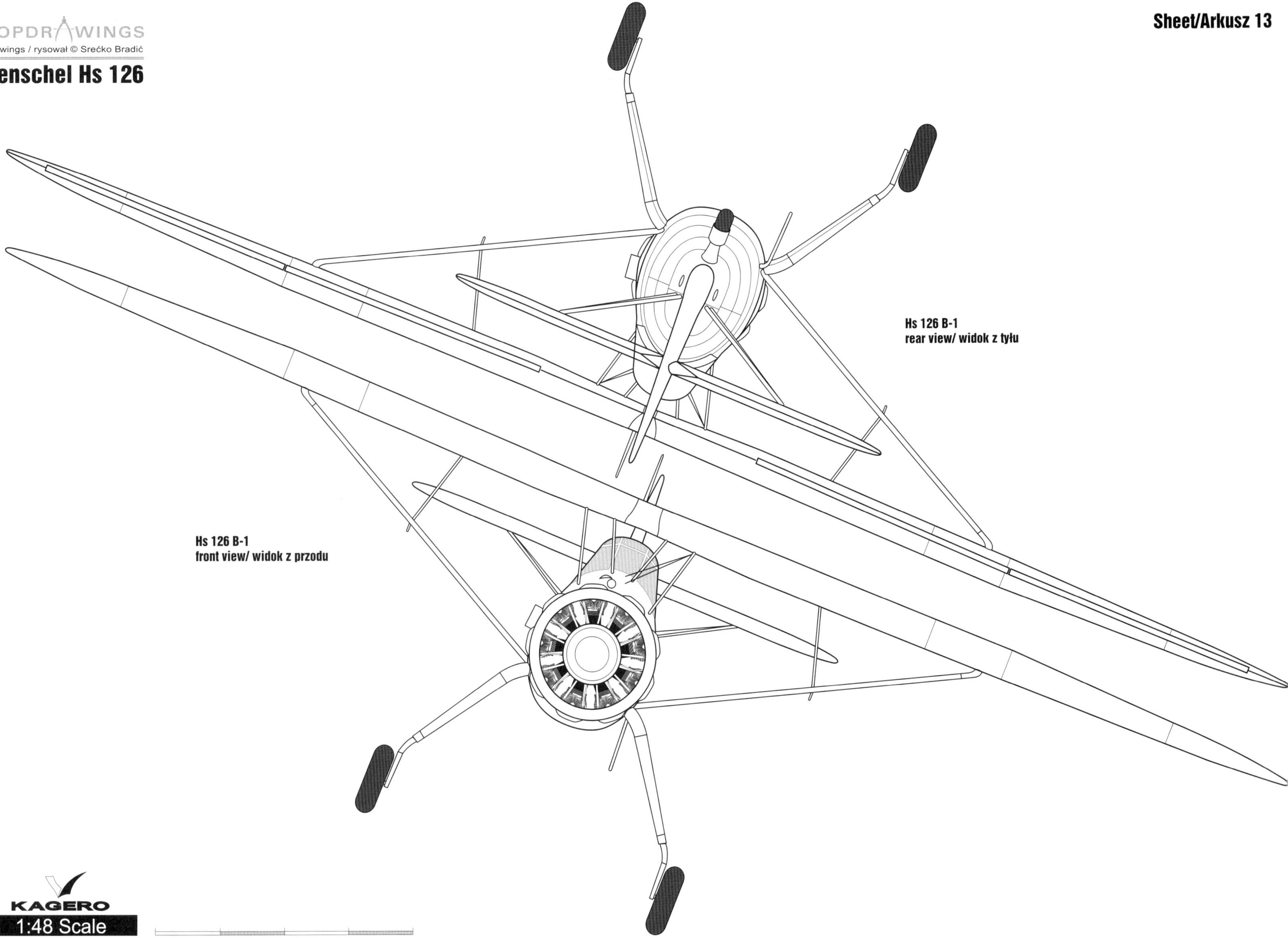

KAGERO

1:48 Scale

TOPDRAWINGS
Drawings / rysował © Srećko Bradić

Henschel Hs 126

Sheet/Arkusz 14

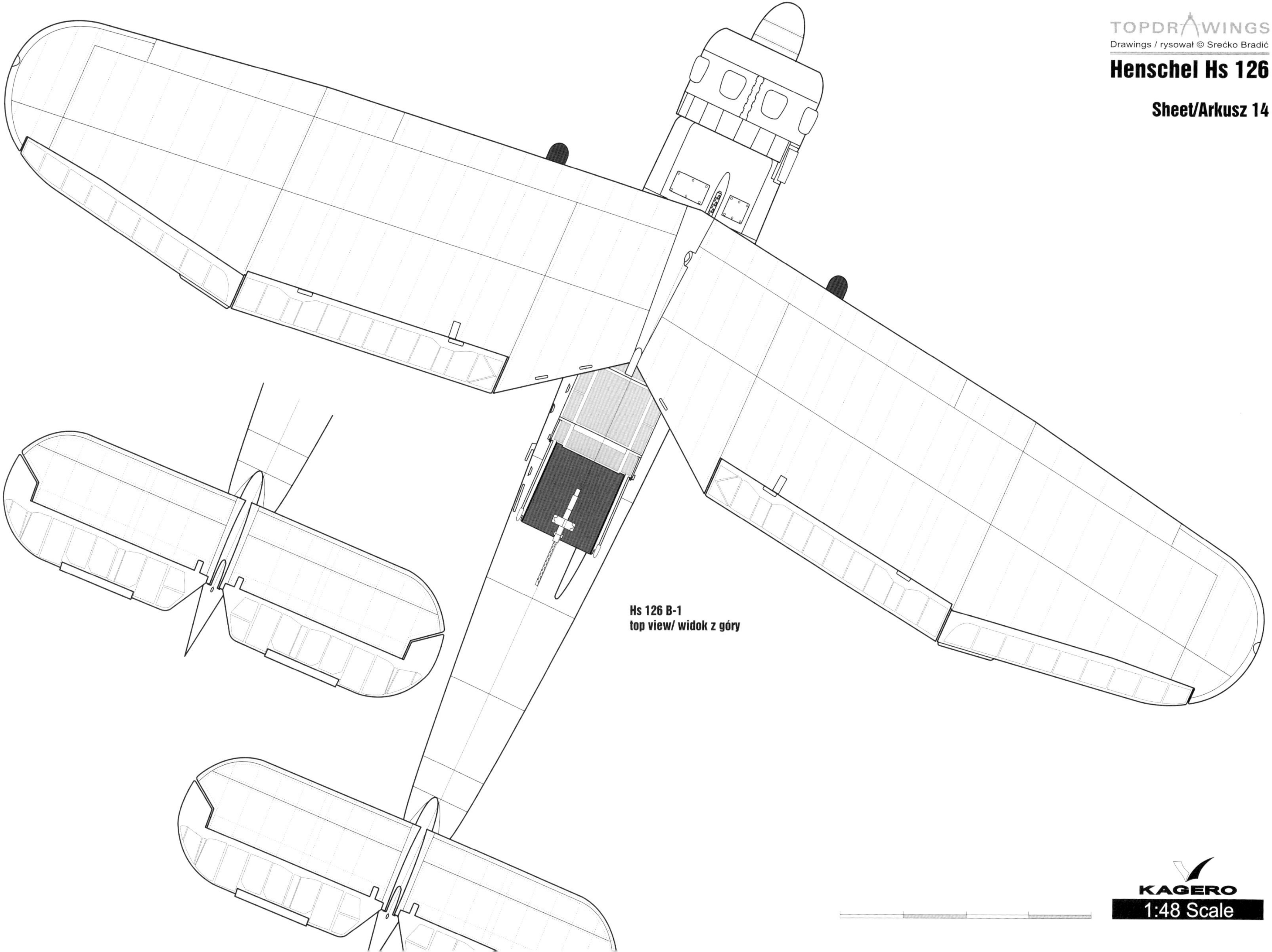

Hs 126 B-1
top view/ widok z góry

KAGERO
1:48 Scale

TOPDRAWINGS

Drawings / rysował © Srećko Bradić

Henschel Hs 126

Sheet/Arkusz 15

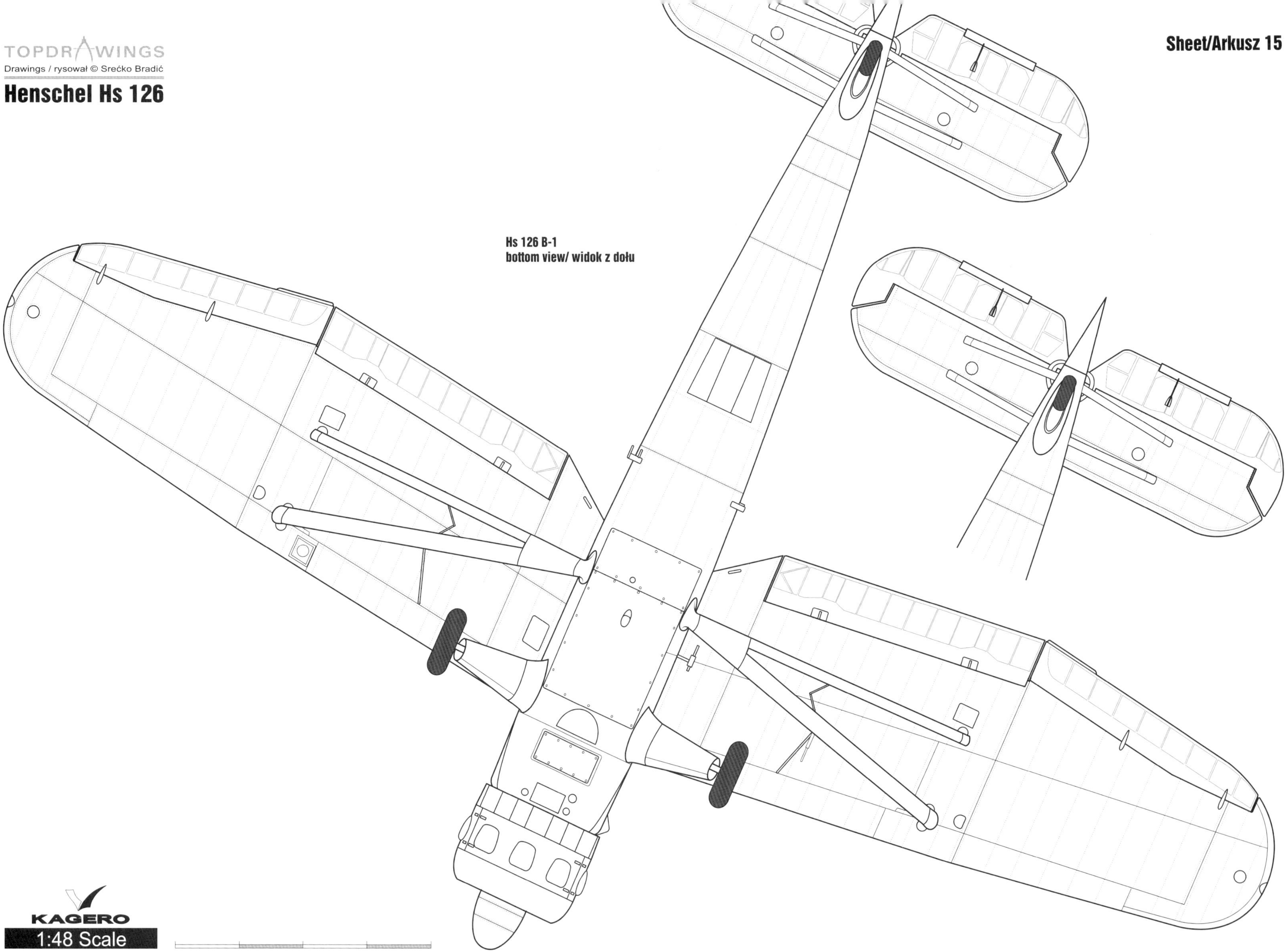

Hs 126 B-1
bottom view/ widok z dołu

KAGERO

1:48 Scale